MW01678752

반전의 하나님

반전의 하나님

조혜련

오제이
엔터스컴

추천의 글 (순서는 추천인 이름의 가나다순입니다)

모자이크 조각 하나하나는 볼품이 없고 도무지 이해가 안 되는 색의 조합도 많습니다. 혜련이를 이십여 년 간 봐온 오빠로서 그녀의 수식어를 꼽자면 열정, 도전, 억척, 끈기… 사실 운동선수에게나 어울리는 단어들입니다.
쉽지 않은 연예계와 일본어, 중국어를 정면으로 뚫어 정복하고 결국 성경을 만났습니다. 아름다운 모자이크의 형상이 되어가는 혜련이를 통해 주님이 하실 일이 기대됩니다. 여전사의 열정이 느껴집니다.
이번엔 사단(satan)이 사달이 날 열정입니다.
그 누구보다 드라마틱한 그녀의 인생을 통해 반전의 주님을 바라봅니다.

김용만 (개그맨/방송인)

몇 년 전 혜련 언니가 예수님을 만나면 좋겠다는 마음으로 늘 중보기도하며 전도했던 적이 있었다. 교회를 나온다 해서 성경책을 사들고 기다리기도 했다. 몇 번 바람도 맞고 어느 날은 키우던 개를 데리고 와… 당황하기도 하고. 그렇게 언니는 쉽게 받아들이지 않았다. 그 철옹성 같은 마음의 벽이 무너져 이제 예수님을 사랑하고 이렇게 간증집을 낸다니… 진짜 하나님이 하신 일이 맞다. "주님! 저의 기도를 들어주셔서 감사합니다!" 이 책을 통해 언니가 경험한 '반전의 하나님'을 모든 사람들이 만나게 되길 간절히 소망하며 기도한다.

김원희 (배우/방송인)

하나님을 정말 사랑하는 그 이름… 조혜련.
열정, 배움, 사랑, 지혜… 그녀를 만난 후 저의 머리 속에 남겨진 단어들입니다.
주님은 언제나 드라마틱하게 사람의 삶을 바꾸어 놓으시기 때문에 웬만해서 '예수 만나서 변했다'는 말을 들어도 잘 놀래지 않는데 혜련씨의 반전은 저의 상상력을 훨씬 뛰어 넘었습니다.
그녀는 어떻게 44년 붙들어 왔던 '그녀의 우상'을 버릴 수 있었을까?

그리고 흉내 내는 크리스천이 아닌 진짜 복음의 길을 따라 걸을 수 있을까?
경이로움을 지닌채 많은 질문으로 그녀를 만날 때마다 저 자신이 너무 부끄러웠습니다. 진짜 다이아몬드를 손에 잡은 여인의 이야기 '반전의 하나님'을 읽어보시는 모든 분들은 복음에 대한 새로운 열정이 불타오르실 것으로 확신합니다.
믿지 않는 분, 참 진리를 몰라 우상에게 사로 잡혀있는 분들에게는 더욱 더 좋은 지침서가 되리라 믿습니다.

문애란 (지앤엠글로벌문화재단 대표)

"하나님이 살아 계시다는 증거는 무엇일까?" 예수님의 부활 사건 외에 수많은 증거 가운데 가장 강력한 증거는 불신자였던 사람이 어느 날 뜨겁게 하나님을 만나 위대하신 하나님을 찬양하게 되는 것이라 생각한다. 한때 매우 열정적으로 일본 불교에 심취해 있던 한 여인, 하나님 외에 다른 곳에서 진리를 찾으러 다녔던 그녀를 하나님은 기적적으로 부르셨다. 그녀의 회심은 많은 사람들에게 충격과 도전을 주었다. 무엇이 그녀의 마음을 이토록 강하게 흔들어 놓았는지, 그녀가 만난 하나님은 과연 어떤 하나님인지 매우 궁금하지 않을 수 없다.
이 책은 하나님의 자녀 조혜련 집사님이 성경 말씀을 통해 십자가의 은혜를 경험한 후, 어두운 데 있던 자신을 빛으로 불러낸 반전의 하나님을 선포하는 책이다. 어쩌면 그녀의 삶 자체가 반전의 연속이다. 대중들에게는 늘 웃음을 선사해야 했지만, 본인에게는 보이지 않는 아픔을 감수해야만 했다.
하나님을 대적하는 불신자에서 하나님만이 나의 구원자임을 선포하는 그녀의 반전 인생은 한 마디로 "It is Amazing!" 이다.
강렬하고 드라마틱한 인생을 사는 그녀에게 하나님은 어떻게 찾아오셨는지, 그녀의 삶속에서 우리가 발견해야 할 하나님의 메시지는 무엇인지 이 책을 통해 궁금증을 해결해 보시기를 바란다. 내 인생의 반전을 기대하며 살아계신 하나님을 만나고 싶어 하는 모든 독자에게 이 책을 강추하는 바이다.

서우경 (연세대학교 겸임교수/한국상담코칭진흥원 원장)

주님은 살아계시며 역사하신다.

드라마틱한 조혜련 언니의 삶을 보며 더욱 확신하게 되었다. 계획하신 바는 반드시 이루시고 우리의 기도와 기대 보다 훨씬 크고 아름다운 열매로 역사하신다. 이제 시작된 혜련 언니의 드라마를 어떻게 써 가실지 설레고 기대된다. 가슴이 뜨겁고 뭉클해진다. '반전의 하나님'을 읽고 주님의 놀라운 역사를 경험하시길…

오늘도 임마누엘!

송은이 (개그우먼/방송인)

감동이다 !!!

어느 날 한통의 전화에 와락 눈물이 쏟아졌다.

"언니 나 교회 등록했어" 했던 조혜련이 성경을 파기 시작하고 인생의 주인이 주님으로 바뀐 이야기를 만날 수 있다니!! 기적이다!!!

먼 길 돌아 지금 이곳에 온 조혜련의 삶이 많은 사람에게 도전이 되면 좋겠다.

이제 조혜련하면 떠오르는 말… '성경바람잡이!!'

난 오늘도 나중 된 조혜련에게 도전 받는다.

종교가 아닌 진리로 예수를 믿는 조혜련의 삶이 이제 새로운 제2의 인생을 펼쳐나간다. 오직 예수로!!

이 글을 읽는 많은 분들이 다시 성경으로 돌아오면 좋겠다.

이성미 (개그우먼/방송인)

조.혜.련.

그녀는 유별났다.

그녀는 어린 시절 가난을 경험했다.

그녀는 사람들에게 웃음을 주기 위해 노력했다.

그녀는 공부도 잘했고 외국어도 능통하다.
그녀는 노래도 하고 운동도 남달랐다.
그녀는 책 읽기를 좋아했고 불교경전도 독파했다.
그녀는 도전을 좋아한 만큼 많은 시련도 겪었다.
그렇게 광야에서 44년…
그녀에게 복음이 전달되었다.
그 말씀은 그녀를 송두리째 바꾸고 있다.
그녀는 이제 '성경읽기 바람잡이'가 되고 있다.
그녀는 주님을 전할 때 가장 행복해 보인다.
이제 그녀는 주님의 딸 'New 조혜련'이다.
'반전의 하나님', 이제 그녀는 그 분의 것이다.
그리고 그녀의 하나님이 나의 하나님이기도 하다.

조명환 (건국대학교 생명과학특성학과 교수)

오랜 세월 많은 사람에게 큰 웃음과 기쁨을 준 조혜련 집사님은 정말 뼛속부터 타고난 개그우먼이십니다. 또한 '거듭남'(born again)이 하나님의 기적이라는 사실의 증인입니다. 조혜련 집사님을 가까이 알고 보니 일단 공부를 잘하고, 공부하는 습관이 잘 되어 있는 분이었습니다. 그래서 저는 조 집사님께 100번 읽은 저의 큰딸 성경책을 보여주며 성경 전체 이야기를 70% 이상 말할 수 있도록 통通성경 방법으로 성경 공부를 열심히 해보시라고 권했습니다.

그랬더니 조혜련 집사님은 정말 무서울 정도로 성경을 공부하기 시작했습니다. 매일 바쁜 방송 스케줄을 소화하면서도 빼놓지 않고 <1년 10번 성경듣기>와 <바이블칼리지 통성경학교 120강의>를 집중적으로 공부하여 지금은 타의 추종을 불허할 정도로 성경 스토리텔러의 모범을 보입니다.

조혜련 집사님은 날마다 성경을 통해 정말 멋진 하나님의 사람이 되어가고 있으며, 통通성경을 함께 퍼뜨리는데 저와 함께 좋은 동역자가 되고 있습니다. '성경의 사람

조혜련 집사님'이 이번에 출간하는 <반전의 하나님>은 그동안의 일련의 간증 책들과는 차별된 'A few good book (몇 권 안 되는 정말 좋은 책)'이라 생각하며 많은 분께 본서를 추천합니다.

조병호 (철학박사/성경통독원 원장)

사람은 좀처럼 안 변합니다. 변했나 싶으면 제 자리입니다. 그런데 조혜련씨는 변했습니다. 한 분을 만났기 때문입니다. 그 분을 제대로 만나고 변하지 않은 사람은 없습니다. 만났다고 제 입으로 얘기하지만 제대로 만나지 않았기에 대다수가 과거로 돌아갑니다. 어느 누구건 그 분과의 만남은 인생 전체를 BC와 AD로 갈라놓습니다. 사울이 바울된 것도 이 만남 때문입니다. 조혜련씨의 인생 분기점은 그래서 수많은 이들의 관심입니다.
바리새인 사울이 바울 사도가 된 것은 또 다른 이유가 있습니다. 그가 이미 이방인들을 위해 준비된 그릇이었기 때문입니다. 저자 또한 그렇습니다. 때가 급하기에 주님이 부르셨습니다. 정작 본인은 어디에 어떻게 쓰일지 모르고 많은 준비를 했습니다. 어느 날 주님이 쓰시겠다고 부르셨습니다. 그 순종의 걸음은 그래서 많은 이들의 관심입니다. 조혜련씨는 너무 강해서 주님이 친히 꺾으시고 날이 너무 서서 다듬으시니... 악한 세상 한가운데서 다윗처럼 맞서게 하실 것입니다.

조정민 (베이직교회 담임목사)

파스칼은 말했습니다. "세상에는 세 종류의 사람이 있다. 첫 번째 사람은 하나님을 찾고 만난 사람, 두 번째 사람은 하나님을 찾았으나 만나지 못한 사람, 세 번째 사람은 하나님을 찾지도 않고 만나지도 못한 사람이다. 첫 번째 사람은 합리적이고 행복하다. 두 번째 사람은 합리적이나 불행하다. 세 번째 사람은 비합리적이고 불행하다."
조혜련 집사님은 진리에 대한 갈망으로 몸부림쳤던 영혼입니다. 그래서 목마른 사슴처럼 이곳저곳을 헤매었고, 그 울부짖음은 많은 사람들을 놀라게 했습니다.

하나님은 많은 사람을 통해 그녀가 돌아오게 준비하셨고, 그 과정은 정말 드라마틱합니다.
집사님은 백지 상태에서 하나님의 말씀을 듣기 시작했고, 들으면서 깨닫게 되었고, 그 말씀을 스스로 읽게 되었고, 그 속에 담긴 보화를 발견하게 되었고, 이제 그 놀라운 감동을 전하는 자가 되었습니다.
"그러나 내가 나 된 것은 하나님의 은혜로 된 것이니"(고전 15:10)라는 고백처럼 오늘의 그녀가 있게 된 것은 하나님의 은혜입니다.
이 고백이 책으로 출판됩니다. 주님이 그 딸을 만나 주셨고 새롭게 변화된 이야기는 우리의 잠자는 영혼을 깨우기에 충분하고, 새로운 신앙에 도전을 주어 은혜의 보좌 앞으로 나가는데 유익하게 작용할 것이라고 믿습니다. 꼭 한번 들어보시죠. '어, 내용이 있네'라고 느끼게 될 것입니다. 그동안 우리가 너무 멀리 했던 말씀의 능력이 어떤 것인지 다시 확인하는 기회가 될 것입니다.

황명환 (수서교회 담임목사)

프롤로그 - 전(前)'반전의 하나님'

나는 반전(反轉)이 있는 영화를 좋아한다. 영화를 보다가 예상하지 못한 극적인 반전이 펼쳐질 때, 묘한 짜릿함과 감동을 느끼기 때문이다. 나는 살면서 이러한 반전은 영화나 드라마에서나 있을 법한 스토리라고 생각했다.

혹은 어느 불우한 사람이 복권에 당첨되어서 하루 아침에 벼락부자가 되었다는 식의 뉴스에나 가끔 등장하는 남들의 인생역전 이야기쯤으로 여겼다.

'살면서 내 인생에 무슨 큰 반전이 있겠어?'

나는 어릴 적부터 오랜 세월 동안 일본 불교를 믿었다. 내 불성과 정성으로 원하는 것을 이룰 수 있다고 믿어왔고, 그것이 옳은 것이라 확신했었다.

나는 이 세상에 조물주라는 하나님은 당연히 존재하지 않는다고 믿었다. 나의 조상은 원숭이라는 진화론을 믿었고, 인간은 죽으면 다시 육체의 몸을 입고 태어난다는 윤회설을 믿었다. 교회 십자가를 보며, "이 땅이 무덤이야? 왜 이렇게 벌건 십자가가 많아!" "왜 우리나라에 이스라엘 종교가 들어와서 판을 치냐!" 라고 비난했었다.

"인간을 만든 하나님이 있다면, 왜 누구는 태어나자마자 죽게 만들고, 누구는 몸이 불편하게 만들었어?"라며 힐난했었다.

이렇게 나는 하나님을 부정했고, 기독교를 비난하며 44년을 살아왔었다.

내 인생 전반전의 끝자락 즈음인 나이 마흔다섯이 되던 해.
내 자신조차 믿기 어려울 만큼, 내 인생이 뒤바뀌는 놀라운 반전이 일어났다.
예수님이 나를 찾아 오신 것이다. 그리고, 당신을 부정하던 나를 만나 주셨다. 내가 그 분을 믿고 영접하게 되었다.
나를 비롯한 이 세상 온 우주만물을 하나님이 지으셨다는 것을, 예수님이 십자가에서 흘리신 그 보혈의 피로 내가 영원히 살수 있다는 것을 깨닫고 믿게 된 것이다.
오랜 시간 나를 보아 온 주변의 많은 사람들은 내가 예수를 믿는 크리스천이 되었다는 소리를 들으면 눈이 휘둥그래 지며, 한마디씩 한다.
"정말이야? 믿을 수 없는 일이 일어났어!"
"아~~이건 기적이다, 기적이야!"
그렇다. 오랜 세월 광야에서 헤매던 나를, 절대 허물어지지 않을 철옹성 같았던 나를, 영원히 방향을 바꿀 것 같지 않았던 나를, 하나님은 당신의 품으로 돌아오게 하셨다. 그래서, 나에게 그 분은 '반전의 하나님'이다.

'반전의 하나님'은 나에게 또 다른 반전을 경험하게 하셨다. 오랜 시간 방황하던 탕자가 돌아온 것이 기쁘셨는지, 하나님은 내 손에 선물 하나를 쥐어 주셨다. 그것은 바로 '성경'이다.
과거 '불경'을 붙들고 달달 외웠던 내가 요즘은 매일 '성경'을 읽고, 묵상하고, 공부한다.
'예전에 성경이 없이 어떻게 살았을까?' 라는 생각이 들 정도로, 성경을 사랑하게 되었다.
하나님은 당신의 마음과 사랑이 담겨져 있는 성경을 보다 많은 사람들이 읽기를 바라신다는 것을 깨닫게 하셨고, 어느 날 나에게 별명 하나를 지어 주셨다. '성경 바람잡이!'
어릴 적 시장 통에서 채소를 잘 팔았던 재능과, 대중에게 웃음을 주던 재능을 그대로 살려서, 성경읽기 바람잡이 역할을 하라고 하신다.
나는 앞으로 남은 인생을 그런 하나님의 바람에 순종하며 살아가려 다짐하고 노력한다.

조혜련이 예수 믿게 해달라고 새벽마다 내 이름을 놓고 오랜 시간 기도해 준 이성미 언니와 나를 위해 중보기도 해 준 많은 분들에게 감사를 드린다. 결정적으로 나를 교회로 인도했고, 늘 곁에서 내 신앙의 성장을 도와준 남편에게 감사한다.

이 엄마의 기도와 바람 대로 하나님을 사랑하며 열심히 공부하는 윤아와 우주에게도 감사한다. 그리고, 늘 내가 기도하는 우리 엄마와 언니들, 동생들 모두 사랑하고 감사한다.

이 책이 나오기까지 기도로 응원해 주신 시어머니와 여러 목사님들, 그리고 일일이 다 소개하지 못하는 주변의 친구들, 동료들에게도 감사의 뜻을 전한다. 매일 새벽마다 이 손주며느리를 위해 기도해 주시는 99세 구정례 권사님께 특별한 감사의 인사를 드린다.

위대하신 '반전의 하나님'은 연약하고 미련했던 내가, 예수님의 보혈로 'New조혜련'으로 바뀌는 반전의 스토리를 쓰셨다. 예전의 나처럼 참 진리를 모른 채 방황하는 많은 사람들이, 하나님을 만나게 되는 놀라운 반전의 역사가 일어나길 간절히 소망하며 기도한다.

'모든 감사와 영광을 주님께 드립니다!'

2018년 4월

저자 조혜련

Contents

44년,
하나님을
부정하다

이거 뭐꼬! 가순아아이가?

나는 1970년 5월 29일 대한민국의 남쪽 끝자락에 자리잡고 있는 경상남도 고성에서 태어났다.

아버지가 장손이었던 우리 집은 무조건 그 대를 이을 아들이 필요했다. 너무도 안타깝게도 엄마는 딸을 만드는 데 타고난 실력을 가지고 있었다. 첫째를 딸로 낳았을 때 우리 할머니는 '그래 첫째 딸은 재산이라 카더라' 하면서 마음의 위로를 삼으셨지만 그 다음해에 또 둘째를 딸로, 셋째를 딸로, 넷째도 딸로 낳자 엄마의 실망은 물론이고 할머니의 역정 또한 이루 말할 수 없었다. 그래서 엄마가 딸을 낳고 나면 산후조리고 뭐고 바로 밭일과 집안일을 해야 했다.

아이를 낳고 나면 할머니는 문을 빼꼼히 열고 "아들이가? 딸이가?" 성별 확인을 하시고는 딸이라는 말을 들으면 "나와서 밭 매라!" 하시며 일 할 거리를 준비해서 아들을 낳지 못한 것에 대한 대가를 치르게 하셨다.

아들은 못 낳았지만 엄마는 아이가 빠져 나오면 또 다시 바로 아이를 갖는 엄청난 능력의 소유자였다.

다섯 번 째 아이를 가졌을 때 엄마는 이전과는 전혀 다른 예감을 느끼게 되었다. 아이를 네 명이나 낳을 동안에 한 번도 꾸지 못한 엄청난 태몽으로 말이다.

어느 날 밤잠을 자는데 꿈 속에 커다란 호랑이가 먼 곳에서부터 돌진해서는 엄마 뱃속으로 훅 하고 뛰어 들어오는 것이 아닌가! 용맹스런 호랑이가 꿈 속에 나타나니 그 꿈을 꾸고 누가 아들이라고 믿지 않겠는가? 그리고 확률적으로도 다섯 번째 정도 되면 이제 아들이 나올 거다 라는 큰 확신도 가졌다. 그 커다란 믿음(?)으로 엄마는 산부인과 병원에 가서 아들인지 딸인지 확인도 안 해보고 그냥 혼자서 아들이라고 정했다. 그리고 열 달 동안 뱃속에 있는 아이를 마치, 영화 300의 스파르타 장수 같은 아들로 강하게 키웠다. 매일 다르게 불러오는 배를 어루만지며 엄마는 입으로 반복하며 아이에게 이렇게 주입시켰다. "니는 아들이다. 아들이어야 한데이, 나를 살려낼 아들이다."

태교의 힘이 얼마나 대단한지… 엄마의 이 끊임없는 간곡한 당부의 말에 아이는 심장이 만들어 지기 시작하자 마자 바로 아들이 되기 위해 뱃속에서 근육을 키웠다. 목소리도 남자가 되기 위해 최대한 중저음으로, 남성호르몬은 풍부하게! 드디어 열 달이 되어 산통은 시작되고 아이의 머리가 보이기 시작했다. 머리통이 빠져 나오는데 모두들 탄성을 질렀다. 왜냐면 눈에 보이기 시작하는 아이의 머리통이 장군감처럼 큼지막하고 튼실했기 때문이었다. 아이를 다 빼내기도 전에 할머니랑 아버지는 머리통만 보고 기뻐서 조씨 집안에 아들이 나온다며 환호를 질렀다.

"고추 달아라! 떡도 맞추고! 하하" 짚으로 엮어 미리 준비해 둔 고추를 꿰어 처마 밑에 매어 달고 방앗간에 전화를 걸어 잔치한다고 떡을 맞추고 난리 법석을 떨었다. 아이의 몸이 엄마뱃속에서 다 빠져 나오며 해산의 고통이 끝나갈 무렵 아이를 받는 걸 도와주던 아주머니가 "뭐꼬! 이를 우짜면 좋노!" 하고 작은 탄식을 뱉어냈다. 이유는 달려야 할 고추가 어디에 끼었는지 본인 눈에 보이지 않았기 때문이었다. 어디 끼었나 싶어서 한참 아이 다리 사이를 찾아보았다. 찾는다고 찾아지나~

열 달 동안 아들이라고 철석 같이 믿어온 엄마는 고추가 달려 있지 않다는 말에 울음을 터트리며 이렇게 내뱉었다.

"이를 우짤끼고… 배신자 가순아!"

내가 태어나자마자 엄마한테 들은 말은 '배신자' 였다. 사실 따지고 보면 내가 뭘 배신을 했단 말인가? 그냥 나는 태어났을 뿐인데… 아무 것도 한 게 없는데…

그렇게 나는 태어나자마자 내 의지와는 상관없이 엄마에게 배신자가 되었다. 그 밤에 엄마는 옆에서 쌔근쌔근 자고 있던 나를 거꾸로 엎어놓은 채 이불을 뒤집어 씌웠다. '꼴도 보기 싫은 가순아! 그냥 확 죽어버리라' 이런 마음이었나 보다. 태어난 지 몇 시간도 되지 않고 목도 못 가누는 아이를 엎어놓는다는 것은 죽으라는 것이 아니고 무엇이란 말인가. 근데 뱃속에서 근육을 키운 나는 목의 근육을 사용해 옆으로 3센티정도 고개를 돌려 숨을 쉴 수 있었다. 한참 뒤에 엄마가 이불을 들쳐보니 땀을 폭 흘리면서 아주 푹 잘자고 있더란다. 질긴 목숨이었다.

그 이후에도 엄마는 아들을 낳아야 한다는 사명감에 또 아이를 만들기 시작했다. 애 하나는 정말 잘 들어서는 튼튼한 자궁을 가지고 있음에 틀림없다. 그러나 너무나 안타까운 건 내 다음에 여섯 번째도 딸을 낳았고 일곱 번째도 딸을 낳았다.

본래 우리 집은 시골에서 농사를 짓고 겨우 생계를 유지하며 사는 넉넉지 못한 실정이었는데, 줄줄이 딸 일곱을 낳고 식구만 늘어갔으니 그 형편이 점점 어려워져 갔다. 아버지는 몸이 약하셔서 일을 많이 못하셨고, 주로 할머니와 어머니께서 농사 일을 도맡아 하셨다. 할머니와 부모님들이 논과 밭에 나가서 농사 일을 하시면, 첫째, 둘째 언니들은 함께 나가서 농사 일을 거들어야 했고, 집에 남겨진 아이들은 서로를 챙겨주면서 지내야 했다.

가정 형편이 어려우니 언니들은 어렸을 적부터 검정 고무신을 신고 다녔는데, 다른 동네 친구들처럼 운동화를 너무 신고 싶어 했다. 어느 날 할머니께서 검정 고무신만 신고 다니는 손녀들이 안쓰러우셨는지 언니들에게 이렇게 말씀하셨다.

"니그들 지금 신고 있는 검정 고무신이 닳아서 몬 신게 되믄, 이 할머니가 빨간색 운동화 사 줄꼬마! 그 때까지만 아껴서 잘 신그래이"

이 말을 듣자 넷째 언니는 잔머리를 굴리며 검정고무신을 빨리 닳아 없어지게 하려고 돌에 비벼댔다. 그 광경을 본 셋째 언니가 뭐 하러 그렇게 힘들게 하냐며 자신의 검정 고무신 옆을 가위로 잘라 버렸다.

잘려진 셋째 언니의 고무신을 발견한 할머니는 검정색 실로 언니의 고무신을 꿰매어 주셨고, 언니는 후회의 눈물을 흘리며 한동안 꿰매어진 검정 고무신을 신고 다녀야 했다.

이렇게 줄줄이 딸 일곱을 낳고 어려운 생활을 해 나가던 중 아버지의 누나인 고모가 부모님에게 제안을 했다. 경기도 산본에 땅을 조금 샀으니 그 땅에서 밭농사를 지으며 살면 아이들 교육을 위해서도 좋지 않겠냐는 거였다. 그래서 우리 온 식구들은 가재도구를 트럭에 싣고 경상도 고성에서 경기도 산본으로 이사를 했다.

1978년 이었으니 내 나이 여덟 살, 초등학교 1학년때였다.

그 때는 경기도 산본이 신도시로 발전하기 훨씬 전이어서 집 옆에는 닭똥 냄새가 진동하는 양계장이 있었고, 집 뒤에도 냄새 나는 거름더미가 산처럼 쌓여 있었다. 그렇게 우리 식구는 경기도 산본에서 자리를 잡고 살게 되었다.

산본으로 이사를 온 후에도 아빠와 엄마의 '아들낳기 프로젝트'는 계속 이어졌다. 아들을 얻고자 하는 집착이 정말 대단했다. 아들을 낳을 때까지 열명이든 스무 명이든 나을 태세였다. 우리끼리 이야기지만 아들이 진짜 뭐라고!!! 드디어 엄마의 배는 또 불러왔다. 이번에는 별로 기대를 하지 않는 눈치였다. 그런데 이게 웬 일인가? 이사를 오자마자 진짜 고추가 달린 아들을 낳게 되었다. 나도 고추 달린 아이는 처음 봐서 몇 번을 만져보고 또 만져보았다… 그런데, 이때부터 예전과 다른 삶이 펼쳐지기 시작했다. 집에 아들이 태어난 후 부터, 우리 여자들은 그야말로 찬밥신세가 되었다. 왕자와 거지처럼 가순아와 머슴아의 삶은 천지차이였다.

집안 내 남녀차별의 사례 몇 가지를 고발하자면 이렇다. 첫째, 아버지와 아들은 우리 여자들과 겸상을 하지 않았고 밥상 위에 올라가는 내용물도 완전히 격이 달랐다. 남자들이 먹는 밥상에는 늘 고기와 생선이 놓여 있었는데, 우리 가순아들의 밥상에선 이런 것들을 구경조차 할 수 없었다. 우리는 그냥 커다란 양재기 같은 것에 갖가지 산해진미가 아닌 밭에서 바로 공급되는 산해채소(?)들과 꽁보리밥과 된장을 넣어 비벼먹었다. 건강을 위해 한끼를 그렇게 먹는 것이 아니라 삼시세끼를 매일 똑 같은 꽁보리밥에 풀데기를 먹어야 했다… 진짜 그렇게 먹다 보면 방귀 몇 번에 배가 꺼져버린다. 저 건너남자들이 먹는 상을 쳐다보다 불공평한 현실에 화가 나서, 이 더러운 현실을 내가 나서서 바꾸어 보리라는 마음을 먹고 마치 혁명가처럼 반기를 들었다. 우선 먹던 밥숟가락을 상위에 내던지며 소리쳤다.

"우리가 무슨 토끼야? 왜 우리는 매일 풀만 먹게 해. 그러니까 키도 안 크고 팔다리도 토끼처럼 짧잖아… 우리도 아버지하고 지환이처럼 고기 줘! 아니면 이제 밥 안먹어!!!"

이 말이 끝내기도 전에 딱딱한 나무같은 것이 내 뒤통수를 가격하는 것을 느꼈다. 바로 엄마가 든 커다란 나무 밥주걱이었다.

"쳐먹지 마라 가순아야!… 뱃대지가 쳐 불렀나!… "

이렇게 외치며 엄마는 내 밥숟가락을 들고 가버렸다. 속으로 울화가 치밀었다. 내가 개띠이긴 하지만 먹을 때는 개도 안 건드린다는데 뒤통수를 가격하는 엄마가 너무도 미웠다. 하지만 배는 고프고 먹고는 살아야겠기에 나는 그 꽁보리 된장 채소 비빔밥을 눈물 콧물을 흘려가며 손으로 퍼먹었다. 가순아로 태어난 죄 때문에 그렇게 서럽게…

아버지는 젊을 때부터 폐가 약한 탓에 몸이 약하셨고 그 이유로 생활력이 없으셨기에 우리 모두는 함께 밭 농사를 지어 그걸로 먹고 살아야 했다. 어렸을 때부터 밭에 잡초를 매고 거름을 주고 삽질을 해서 씨를 뿌리고 채소를 키우는 일은 누구 할 것 없이 가족 모두가 해야 했다. 어느 누구 하나만 예외가 있었다. 귀하디 귀한 아들은 열외였다. 언니들도 남자친구와 데이트가 있는 날이라도 새벽부터 뙤약볕에 얼굴이 강렬한 햇볕에 노출되지 않게 챙이 큰 모자 위에 수건을 둘러쓰고 밭일을 하다가 자기 할당량을 다하면 몸을 씻고 단장을 하고 나갔다.

나는 어릴 때부터 삽질을 했었다. 거름더미에서 소 똥을 일륜차(바퀴가 하나밖에 없는 거라 중심을 잘 잡아야 한다. 만일 쓰러지면 다시 다 담아야 한다)로 담아서 밭으로 실어 온다. 그리고 그 소똥을 뿌리고 그것을 삽으로 한 삽 한 삽 뒤집어엎어야 씨를 뿌리면 그 채소가 잘 자랄 수 있는 좋은 양분을 충분히 공급받을 수 있다. 어린 내가 삽질을 하고 있으면 지나가는 동네 어른들이 이렇게 이야기 했다.

"아이구 혜련이 아침부터 삽질하고 있네"

어릴 때부터 '삽질하고 있네'라는 말을 늘 듣고 살았다.

학교 친구들이 우리 집 근처에 살지 않는 것을 나는 다행이라고 여겼다. 친구 중 누가 날 보기라도 하면 그 다음날부터 학교에서 놀림 당할 것은 뻔했다. 평소에도 내 생김새나 행동으로 남자애라고 놀림 받았으니 이제 '삽질하는 머슴'이라고 놀림 받을까봐

조마조마 했었다.

우리 남매의 생활비 대부분은 비닐하우스나 밭에서 뜯은 채소를 시장에 대량으로 도매로 팔아서 생계를 유지했다. 아무래도 도매로 넘기다 보니 마진은 그렇게 많지 않아서 농사일이 그렇게 힘든 대도 생활은 늘 쪼들렸다. 그래서 밭에서 일하고 있는 엄마한테 다가가서 “엄마, 참고서 사야 하는데 돈 좀 줘!” 라고 하면 엄마는 그냥 주는 법이 없었다.

“이 돈 잡아먹는 귀신아” 하며 돈을 내동댕이쳤다. 그럼 나는 여기저기 흩어져 땅속으로 박힌 동전들을 손으로 파서 꺼내야 했고, 그것들을 겨우 챙겨 울면서 학교를 가곤 했다.

“니 엄마 계모지?”

초등학교 5학년 어느 날, 엄마는 커다란 대야에 단으로 묶은 쑥갓 30단을 담아서 보자기로 싸고 있었다.

“엄마, 뭐해?”

“도매는 돈이 안 되가… 소매로 함 팔아 볼라꼬!”

엄마가 안양중앙시장에 가서 직접 팔아보려 한다는 것이다. 나는 그곳을 너무도 가보고 싶었다. 왠지 그곳엔 새로운 비즈니스의 세계가 있을 것 같았다.

나는 엄마를 따라 시장으로 가는 버스에 올라탔고, 엄마는 차비가 아깝다며 버스 뒷문으로 나를 발로 차서 밀어버렸다. 하는 수 없이 그날은 시장에 가지 못했지만 버스에서 내동댕이쳐지면서 결심했다. 꼭 그곳에 입성하리라고… 결국 그 후에 나는 엄마를 따라 중앙시장에 발을 내디뎠다. 무작정 시장에 나간 우리는 남의 가게와 가게 사이에 작은 대야 하나를 놓고 지나가는 사람에게 구걸하듯이 파는 수 밖에 없었다. 나는 엄마가 어떻게 장사를 하는지 찬찬히 지켜보았다. 시장에서의 엄마는 소심하기 짝이 없었다.

집에서는 우리한테 그렇게 카리스마를 가지고 불호령을 치던 엄마였지만 시장에서의 엄마는 옆에 있는 나도 잘 안 들리는 개미소리 만한 목소리로 "쑥갓 들여 가이소! 싱싱합니더…" 라고 속삭였다. 진짜로 엄마의 그런 모습은 의외였다. 쭈뼛쭈뼛 쑥스러워하는 엄마 앞에 내가 나섰다. 분위기를 대충 보니 이래가지고는 해지기 전에 쑥갓 한 단도 못 팔고 집으로 그대로 들고 갈 판이었기 때문이었다.

"쑥갓사세요. 엄마가 지금 밭에서 갓 뜯은 거라 엄청 싱싱해요. 비타민과 무기질도 풍부해요!"

어디서 주워 들은 어설픈 영양 이론까지 꺼내놓으면서 그렇게 외쳐댔다. 우리가 가져온 물건은 싱싱하긴 엄청 싱싱했다. 사실 그것을 파는 본인은 삼시세끼를 쑥갓과 상추만 먹어대니 거저 준다고 해도 안 먹지만… 비타민과 무기질이 많은 건 사실이니까!

초등학교 5학년짜리 어린 아이가 떡 하니 앞치마를 차고 큰 소리로 외치니 지나가는 아줌마들이 기특했는지 두 단도 사가시고 세 단도 사가셨다. 금방 30단을 팔게 되었다. 어느덧 엄마는 시장에 오지도 않고, 밭에서 물건을 공급해주느라 바쁘고, 내가 시장의 장사꾼이 되어 버렸다. 호기심으로 엄마를 따라간 시장 통에서, 나는 마치 10년정도 그 일을 한 베테랑처럼 자리를 잡게 되었다. '쑥갓 파는 초등학생'하면 모를 사람이 없을 정도였다.

장사를 하면서 몇 가지 힘든 게 있었는데, 그 중 하나가 옆집 지물포 아줌마의 끈질김이었다. 엄마 없이 나 혼자 장사를 하고 있으면 지물포 아줌마는 나에게 은근 슬쩍 말을 걸어왔다.

"쯔쯔… 니 엄마 계모지?"

"아뇨 우리 엄마 계모 아니고 진짜 우리 엄마인데요!"

"아냐 니 엄마는 계모야! 그렇지 않고서 어떻게 이렇게 어린 아이를 시장 통에 내돌려 "

이렇게 몇 날 며칠을 자기가 원하는 답이 나올 때까지 나를 괴롭혔다. 나는 단호히 말했다.

"우리 엄마는 진짜 우리엄마에요. 우리 큰언니가 나 낳는 거 직접 봤대요"

나를 괴롭히는 아줌마 때문에 내가 직접 우리 언니한테 물어보니 진짜 엄마가 나를 낳는 것을 봤다고 언니가 친절히 답해주었다. 사실 나는 엄마 뱃속에서 나오느라고 내가 나오는 걸 못 봤으니 말이다.

장사를 하면서 힘들었던 다른 하나는 단속반 아저씨들한테 걸릴 때였다. 나는 대야 하나 놓고 장사를 하는 입장이라 단속반 아저씨들이 나타나면 대야랑 쑥갓이랑 모두 다 빼앗겨야 했다. 장사를 하고 있으면 나무 몽둥이를 든 아저씨가 내 쑥갓이 든 대야를 확 집어 들어서 트럭에다 던져버리며 냉정하게 이렇게 말했다.

"얘! 빨리 집에 가. 어린 게 여기서 뭐 하는 거야?"

엄마 뱃속에서부터 근육을 키운 나는 질세라 간절하게 트럭에 매달려서 아저씨한테 애걸복걸했다.

"아저씨 힘들게 먹고 살라고 하는데 쑥갓하고 대야 주세요… 부탁이에요."

끝까지 매달리는 나의 뒤로 쑥갓하고 대야가 흩어져서 바닥으로 나뒹굴었다. 그래도 목숨을 지켜 내 물건들을 되돌려 받은 것에 뿌듯해했다.

그렇게 처음에는 재미와 호기심으로 시작한 장사는 어느덧 초등학교 5학년 때부터 중학교 2학년때까지 4년을 이어서 했다. 언니들의 참고서 살 돈과 우리집안의 생활비까지 충당할 수준으로.

그렇게 장사하는 동안 내 인생에 잊지 못할 감동의 에피소드가 있다. 중학교 2학년 어느 늦은 가을 그날따라 비가 엄청나게 왔다. 나는 다 팔지 못한 쑥갓을 대야에 담은 채 우산을 들고 밤 9시가 넘어가는데도 끝까지 다 떨이를 하겠다는 일념으로 "쑥갓 들여가

세요"를 외치고 있었다. 어차피 집에 비 맞은 쑥갓을 가져가면 썩어 문드러져서 결국 버려지게 될 불쌍한 아이들이기에 오늘 밤 어떻게 해서든지 주인을 만나 그 날 밥상에 오르기를 간절히 바라는 마음으로 말이다.

그렇게 늦은 가을비를 맞으며 시간을 버티고 있을 즈음 내 앞에 어떤 중년의 아저씨가 다가왔다.

"학생! 쑥갓 얼마나 남았어? "

"열 두 단 정도 남았는데요!"

"그거 다 주라. 내가 쑥갓을 너무 좋아하거든!"

나는 뛸 듯이 기뻤다. 사실 장사하면서 가장 좋은 것은 팔던 물건을 하나도 남기지 않고 모두 탈탈 떨이를 하고 빈 대야만 들고 집으로 돌아 오는 것이다.

3,000원의 돈을 건네 받고 잔돈 600원을 거슬러 줄려고 했는데 그 아저씨는 잔돈은 되었다라고 했다. 용돈까지 주시는 거다.

너무 감사한 마음도 있었지만 속으로 쑥갓을 얼마나 좋아하시길래 열 두 단이나 사가실까 라는 의심은 잠깐 했지만 그것보다 다 팔 수 있음에 나는 너무도 좋아 감사하다고 몇 번이나 인사를 했다.

그런데 나중에 그 중년 신사가 누구인지를 알게 되고 깜짝 놀랐다. 그 분은 바로 중학교 2학년 담임 선생님의 남편 분이셨던 거다.

선생님은 아이들에게 내가 시장에서 쑥갓 장사한다는 이야기를 들었다.

비가 오는 날 남편과 시장을 보러 오셨다가 그 곳에 내가 밤까지 그 빗속에서 우산을 들고 떨면서 장사를 하고 있는 모습을 발견하고 애처롭게 보시다가 본인이 나타나면 내가 자존심이라도 상할까 봐 본인은 어딘가에 숨고 남편을 시켜 남은 쑥갓을 모두 사오게 하신 것이었다. 그 많은 쑥갓으로 무얼 하셨는지 궁금하다.

나는 그때 선생님의 따뜻한 배려에 가슴이 뭉클해졌고 또 돈은 어떻게 가치 있게 쓰는 것인가를 몸소 체험하며 공부한 것 같다.

가순아,
니들 대학가면 다리 몽뎅이 딱 분질러 뿐다

아버지는 어렸을 때부터 몸이 약하셨다. 삐쩍마른 체구에 폐결핵을 앓아서 늘 콧물과 가래를 달고 사셨다. 그래서 그런지 내 기억으로는 아버지가 나가서 돈을 벌어온다든지 직장을 나가는 모습을 본적이 없다. 엄마가 늘 생활을 책임져야 했기에 엄마 입에서는 늘 팔자한탄이 끊이지 않았다.

"아이고 내 팔자야. 남편 잘 못 만나 가지고 시집와서 죽도록 고생만하고… 이 돈 잡아 묵는 가순아들 틈에서 내가 앞이 하나도 안 보인다."

그렇게 귀에 못이 박히도록 엄마의 인생 한탄을 들으면서 살았기에 아버지에 대한 원망은 내 무의식 세계 깊은 곳에 자리를 잡고 있었다.

중3 가을, 엄마는 귀한 아들은 빼고 셋째, 넷째, 다섯째, 여섯째 가순아들을 한자리에 불러 모아놓고 이렇게 공표했다.

"니들 인생에는 대학은 읍다. 딱 고등학교 마치고 무조건 돈 벌어라. 고등학교 보내는 것도 내 힘에 너무 부친다. 안양에서 전교 1등하는 큰언니랑 둘째 언니도 대학 안 간거 봤재?"

사실 그랬다. 우리 큰언니는 정말 모범생이고 공부도 아주 잘했다. 안양지역에서 공부로는 거의 최고 수준이었다. 그런데 동생들을 위해서 자신은 대학을 포기하고 조용히 은행에 취직해서 돈을 벌었다. 둘째 언니도 마찬 가지였다.

근데 엄마에게 그 말을 듣는 순간 반감이 확 일어났다.

'내 의지도 아니고 무조건 딸이라는 이유만으로 대학을 못 간다? 다른 집은 대학을 못 보내서 안달인데 이건 너무 불공평하다'

그래서 그 순간 강하게 결심했다.

'나는 대학을 꼭 가야겠다!'고.

사실 엄마가 그렇게 이야기하기 전에는 한번도 대학에 대한 생각도 욕심도 가진 적이 없었는데… 하지 말라면 더 하고 싶은 청개구리 심리가 발동을 한 것이다.

그 날 이후부터 대학을 가기 위해 공부했다. 우리 집안에서 여자라면 아무도 꿈꾸지 못한 대학생활을 경험하기 위해서…

고등학교 3학년때 담임선생님은 나와 전체적인 분위기가 맞는 공대를 추천했다. 한양대 화학공학과! 사실 한양대 공대는 나름 입학 성적도 높았고 나중에 졸업하면 대기업에 취직도 잘된다는 이야기를 들었기에 나는 다른 말 않고 그곳을 택하려고 했다. 왜냐하면, 내가 부모님을 보면서 가진 꿈은 안정적인 직업을 가지고 시집 잘 가서 행복하게 사는 것이기 때문이었다.

원서내기 3일전 나에게 친한 친구 세 명이 찾아와 대화를 좀 하자고 했다.

그 친구들이 말을 꺼낸 건 내 진로에 관한 이야기였다.

"혜련아 너는 사람들을 웃기고 너무 재미있어. 네가 얼마 전에 학교 축제 때 연극하는 모습을 잊을 수가 없어! 너는 꼭 그 일을 했으면 좋겠어!"

그 아이들의 이야기인즉슨 나는 웃기고 에너지가 많아서 그것을 살리는 일을 했으면 한다는 거다. 그게 바로 연극영화과였다. 나를 위해 며칠 동안 세 명이 고민을 했다는 것이다. 나는 감동했다. 자기의 일도 아닌데 남의 인생을 위해 그렇게 진심으로 고민한다는 것이 결코 쉬운 일이 아닌데 말이다. 사실 그 친구들은 개척교회를 다니는 크리스천들이었다. 몇 번 교회를 나오라고 나에게 권유를 했지만 나는 그 당시 교회를 나갈 형편이 아니었기에 거절했었다.

친구들이 낸 의견이라고 해서 그녀들의 제안을 쉽게 흘려 버리고 싶진 않았지만, 그렇다고 그 제안에 쉽게 따를 수도 없는 노릇이었다.

고등학교 때 성격이 활달해서 축제나 연극제가 있을 때, 연기도 하고 사회를 보며 사람들을 재미있게 해주는 끼는 있었지만, 내가 연예계 일을 한다라는 생각은 한 번도 해 본적이 없었다. 외모도 그랬지만 엄마가 이 사실을 알면 밭에서 호미 들고 쫓아 올 일이기에…

3일뒤 나는 원서를 내러 학교에 갔다. 당연히 내 손에는 담임이 써준 화학공학과 원서가 들려있었다. 근데 무슨 힘에 이끌렸는지 모르겠지만 나는 그냥 원서에 쓰여진 학과를 연극영화과로 고치고 원서접수처에 줄을 섰다. 왜 그랬는지 모른다. 외모도 자신 없고 연기를 배워 본 적도 없었지만 그냥 그쪽으로 이끄는 강한 힘에 마음이 끌렸다.

그 친구들의 순수한 그 마음이 고맙기도 했고 또 내가 대학에 떨어지면 엄마가 좋아할 것 같기도 하고 마음이 복잡했다.

그런데, 그 당시 연극영화과 경쟁률을 보니 18.7 대 1이었다. 원서를 접수해 놓고 나서도, 내가 합격할 확률은 거의 없겠다 싶었다. 아니, 그런데 이게 웬일인가! 내가 한번에 떡 하니 합격을 한 것이다. 내 수험번호를 전화로 불러주자 안내원은 "축하합니다. 합격하셨어요"라고 말해주었다. 사실 이번 한번에 붙지 않으면

재수는 상상도 못하는 것인데, 그럼에도 그냥 승부수를 던진 건데 한번에 붙은 것이다. 1989년 그렇게 나는 한양대 연극영화과에 들어가게 되었다.

한양대학교 연극영화과! 사실 연극영화과 하면 상상하기를 요즘의 박보검, 김수현 같은 진짜 잘생기고 멋진 연예인들이 많을 것 같은 상상이 드는 건 당연한 거다.

나는 부푼 가슴을 안고 대학에 들어갔다. 근데 첫 오리엔테이션에서 나는 너무도 실망했다. 군복을 입고 나타난 선배들이 권해효, 박광정, 이문식, 동기로는 홍석천이었다. 나는 기가 막혀서 이렇게 말했다.

"여긴 무슨 철학과에요? 분위기가 너무 난해해요! "

선배들은 나를 쭉 훑어보더니 어이 없다는 듯 이렇게 공격했다.

"야! 너는 체육학과 같애! 어디서 지적질이야."

그 때 한양대 연극영화과는 내가 단 번에 뽑힌 것을 보면 알듯이 외모나 실기로 뽑지 않고 성적으로 뽑았다. 교수님의 교육철학이 아무것도 모르는 상태에서 처음부터 연기를 가르치는 것이 더 수월하다는 편으로 생각하신 것 같다.

엄마는 내가 연극영화과에 합격했다는 말을 듣자, 아니나 다를까 입에 거품을 물며 내게 쏘아 붙였다.

"뭐… 연극영화과? 아이고… 니 얼굴에 니가 연예인 되면 내는 대통령 된다. 이 가순아야!"

말을 해도 어쩜 그렇게 예쁘게 하실까? 결국 나는 연예인이 되었고, 엄마는 대통령이 안되었다.

어차피 처음 학비도 엄마가 해 준 게 아니고 둘째 언니한테 빌려서 내었다.

나의 반항에서 시작된 대학 생활은 그렇게 시작되었다.

첫 연기 시간, 설레는 마음으로 독백을 준비해갔다. 연기 실습 시간은 너무도 재미있었다. 최형인교수님은 내츄럴 연기를 끄집어 내는 실력가로 정평이 나 있었고 그 때 같이 배웠던 선배들이 이경영, 설경구, 이문식, 권해효, 유오성 등 연기파 배우들이다.

졸업한 선배들이 스타가 되고 나서도 이 수업을 청강하기 위해 참석하곤 했다. 선배들이 와서 보니 피라미 같은 우리는 더 긴장했다.

교수님은 우리가 연기하는데 있어서 막히는 부분에 대해 너무도 잘 지적해 내셨다. 어떤 친구는 연기를 할 때, 화를 내야 하는데 작은 소리로 중얼중얼거리며 화를 표현하지 못했다. 교수님은 그 아이의 자라온 환경부터 묻기 시작했고 결국 그 친구는 할머니와 단 둘이 살아서 한 번도 큰 소리로 말을 해 본적이 없다는 것을 알게 되었다. 교수님은 그 아이를 벽 쪽으로 데리고 갔다. 그리고 말 끝마다 욕을 붙여서 소리지르며 벽을 치라고 요구했다. 울면서 못하겠다는 그 친구가 오랜 도전 끝에 나중에 소리를 꽥꽥 지르며 맛깔스럽게 욕을 하며 연기를 하기 시작했다. 너무도 신기했다.

또 어떤 친구는 여학생임에도 불구하고 나보다 더 남자같이 껄렁껄렁하게 연기를 하는 거다. 그것도 인형의 집의 '노라'라는 역할을 하는데 말이다. 알고 보니 그 집도 남자아이를 너무도 원해서 그 친구를 남자애처럼 키워서 어릴 때부터 지금까지 치마를 입어본 적도 없고 늘 바지만 입고 군화 같은 신발을 신고 다녔다고 한다.

교수님은 그 친구에게 연기를 하려면 너 자신을 바꿔야 한다며 급처방을 내렸다. 그것은 그 친구에게 무조건 하이힐과 치마를 입게 한 것이다. 처음 그 친구가 치마와 하이힐을 신고 온 날 우리는 웃지 않을 수 없었다. 어기적어기적 걷는 것이 남자 아이들 저리가라였다. 그 후 연기는 놀랄 만큼 여성스러워졌다.

그렇게 연기를 할 때 장애처럼 느껴졌던 우리의 습관들을 교수님은 고쳐 나가기 시작했고 표현의 자유로움이 우리의 몸에 익숙해지기 시작했다. 드디어 내 차례가 되었다. 나는 '갈매기'라는 작품의 독백을 준비했고 핀 조명을 받으며 선배들 앞에서 떨리는 마음으로 연기를 했다. 외운 대사를 틀리지 않았고 감정도 제법 잘 표현했다고 생각했는데 교수님은 대뜸 나에게 형제가 어떻게 되느냐고 물어 보셨다.

나는 자연스럽게 내가 어떻게 태어났는지 집안 형편이 어떤지를 이야기했다. 내가 이야기할 때 그 자리에 모인 사람들은 이유를 모르겠지만 사람들은 박장대소를 하며 웃어댔다. 웃기려고 하지도 않았는데 말이다.

교수님은 나에게 딱 잘라 이렇게 말씀 하셨다.

"너는 사람 웃기는 데 타고 났다. 연기보다 개그를 해라!"

그 때만 해도 나는 사람을 웃기는 개그맨 보다 정극 연기를 하면서 드라마를 하고 싶었기에 교수님의 의견에 반기를 들었다.

"교수님! 어떻게 한 번 보고 판단하십니까? 저는 진지한 연기를 하고 싶습니다. 다른 독백 외운 것을 해보겠습니다. 다시 한 번 봐 주십시요!"

그리고 더 진지하게 '한 여름밤의 꿈'에 등장하는 '헬레나'역을 했다. 사랑을 표현하는 대사였는데 그 연기를 하자 처음 했을 때 보다 사람들은 더 웃었다. 웃긴 내용이 아닌데…

교수님이 입을 열었다.

"봤지? 사람들 웃는 거? 넌 그냥 개그맨 해!"

그렇게 내 진로는 결정되었다. 집에 돌아오는 길에 '왜 사람들이 그렇게 웃었을까?'에 대해 고민하다가 갑자기 내 외모 때문이었을 거라는 추측을 하니 엄마가 원망스러워졌다. 밭에서 고구마를 파고 있는 엄마 일을 거들다가 퉁명스러운 말투로 엄마한테 한마디 던졌다. "엄마는 나를 왜 이렇게 머리도 크고 팔다리도 짧게 만들었어?"

힐끗 내 몸을 훑어보던 엄마는 “가순아야, 내는 더 짧다!” 하며 일하던 손을 멈추고 자신의 팔과 다리를 쭉 펴 보였다.

엄마는 쭉 핀다고 폈는데 진짜 짧아도 나보다 너무 짧았다. 내가 연예인이 될 거라고 했더니 엄마는 “연극영화과 나온다고 다 연예인 될 줄 아나?”

고개를 푹 숙이고 땅만 보고 걸어가는 내 뒤를 아버지가 따라오셨다. 여전히 불편한 틀니는 뺀 채로 그리고는 나에게 이렇게 말씀하셨다.

“혜련아! 이 아부지가 옛날에 서라벌예대를 안 나왔나… 니가 내 끼를 닮아서 연극영화과를 간 기다. 니는 내 닮아서 잘 할 끼다.”

아버지는 그 옛날 서라벌예대, 그러니까 지금의 중앙대학교 연극영화과를 다니셨다. 당신 말로는 최불암씨가 한참 후배고 같이 연극도 했다고 했다. 믿을 수는 없지만 말이다.

그리고 아버지가 나를 위로하려고 꺼내신 말이 하나도 위로가 되지 않았다. 오히려 나도 아버지처럼 잘 안 풀릴 것 같은 불안한 마음이 엄습해오면서 말이다.

“서라벌 예대를 나왔는데 왜 이렇게 사세요?”

생각 없이 툭 하고 이런 말이 튀어 나왔다. 엄마한테 받은 상처를 아버지한테 뒤집어 씌울 요량인 듯 고스란히 못된 말을 뱉어냈다. 아버지는 당황하시다가 뒤 돌아서며 이렇게 말하셨다.

"미안하다이!"

아버지는 멋 적은 듯이 그 자리에 앉아 애꿎은 잡초 줄기만 잡아 뜯으셨다. 잡초는 잡아 뜯으면 다시 자라니 뿌리 채 뽑아야 되는데 말이다.

방송용이 아니고 주방용이라구!

그 후에 나는 개그맨이 되기 위해 개그맨 콘테스트를 알아보았다. 사실 탤런트시험도 알아보고 면접에 넣어보았지만 지원서류가 바로 쓰레기통에 들어갔는지 도통 연락이 없었다. 우선 개그맨 선배들을 떠올려 보았다. 학교 선배로는 임하룡, 박미선 선배가 있었다. 집요한 나는 직접 여의도 방송국을 찾아가서 인사를 드렸다. 솔직히 말하자면 인사라기 보다는 학연을 이용해 도움을 구하려는 마음이 더 컸다. 기대를 잔뜩한 내 모습을 보고 박미선 언니는 나에게 이렇게 말했다.

“이 바닥이 그렇게 만만한 곳은 아니라서 어렵지만 열심히 해봐” 라고만 이야기 해 주었다. 뭘 알아 봐 준다는 말은 없었다. 사실 나도 연예인이 되어서 안 사실이지만, 찾아온 후배에게 열심히 하라는 이야기 외에 딱히 무슨 말을 더 해줄 수 있는 것은 없다. 근데 그 때는 그게 그렇게 서운했다. 그 때 또 다시 마음을 굳게 먹었다.

'그래 지금까지 내가 살면서 누군가가 나를 도와 준 적이 없는데 뭘 바란단 말인가? 내 스스로 뚫어보자. 할 수 있어! 세상은 내가 필요 없다고 하지만 반드시 해 보이고 말리라!'

나는 우여곡절 끝에 경기대학교를 다니는 김국진 오빠를 만나게 되었다. 그 오빠도 개그맨 콘테스트를 준비하고 있었고 우리는 한 팀이 되어서 KBS개그콘테스트를 준비했다. 김국진 오빠는 싱거운 개그스타일을, 나는 조금 오버스러운 연기를 각각 준비했다. 같이 시험을 본 우리는 1차 시험을 무사히 통과 했다. 욕심이 난 나는 2차에서는 1차때 보다 더 열심히 오버해서 연기를 했다. 그런데 결과는 한 팀임에도 불구하고 국진 오빠만 합격하고 나는 떨어지게 되었다. 내가 연기할 때 앞에 있는 심사위원 한 분이 인상이 안 좋아지는 것이 맘에 걸리긴 했지만 그래도 같이 시험 본 한 팀 중에서 나 혼자만 떨어진 게 너무도 억울해서 심사위원에게 강력하게 항의했다. "왜 나만 떨어뜨리셨어요?" 그랬더니 그 분이 하는 말은 "방송용이 아니라고!"

'내가 한 개그가 방송용이 아니라는 말인가? 아니면 내가 방송용이 아니란 말인가요?' 나는 대뜸 이렇게 물었다.

"그럼 무슨 용이에요?"

그 분은 내 시선을 피하면서 굳이 대답을 해 주어야 하는지에 대한 불편한 표정으로 고개를 떨구며 농담처럼 이렇게 중얼거리셨다.

"주방용이라구!"

어찌되었던 내 장대한 개그맨의 날개는 그렇게 꺾이고 말았다. 나의 22년 인생에서 가장 쓴 고배의 잔을 마시게 된 거다. 그 때 나에게 연극영화과를 가라고 한 개척교회를 다니던 그 고등학교 친구들이 밉다라는 생각이 들었다.

'그것들은 멀쩡히 공대 가서 돈 잘 벌고 살 수 있는 나한테 왜 바람을 집어 넣어서 내가 이런 좌절감을 맛보게 하는가!'

삶의 의욕이 사라졌다. 학교 가는 것도 싫었고 집구석에 들어가기도 싫었다. TV에 나오는 김국진 오빠의 모습은 더 더욱 볼 수 없었다.

부러우면 지는 건데… 너무 부러워서 내 자신이 슬퍼졌기에.

나는 가출을 하기로 마음 먹었다. 이 세상을 하직하여 떠나는 것이 아니라 '나란 존재는 안중에도 없는 이 집구석을 떠나리라!' 혼자 가기는 허전해서 한 명의 순진한 친구를 꼬셨다.

나의 꼬질꼬질한 삶과는 완전 대조되는 내 친구 수진이를!

수진이는 초등학교 2학년 때 전학을 와서 내 짝이 되었다. 나는 초등학교 때부터 아침에 학교 오기 전에 밭의 풀을 메고 와야 했고 새 옷을 사 입는다는 것은 꿈도 못 꾸고 팬티까지도 위의 언니들 것을 물려 받아 입어야 했기에 그야말로 꼬질꼬질함 그 자체였다. 근데 수진이는 달랐다. 긴 머리에 세련된 모습은 그야말로 눈이 부셨다. 그녀가 전학을 오던 날 내 옆에 앉기로 결정되었을 때 내 심장은 두근거려 터질 것 같았다.

그 아이가 나에게 악수를 청할 때 내 왼쪽 손에 가득 자리 잡고 있는 물 사마귀를 그 친구가 발견해서 나랑 놀아주지 않을까 봐 나는 왼손을 슬그머니 주머니에 넣고 오른 손만 내밀었었다. 혹시 왼손의 사마귀를 보고 자리를 바꿔달라고 담임 선생님한테 건의하면 어쩌나 하는 염려로 그 손 사마귀를 없애려고 집 뒤 거름더미 근처 풀 위에 있는 곤충 사마귀를 잡아서 내 손 사마귀를 어서 먹어 치우라고 몇 번 강요한 적도 있었다. 얘기듣기로 손 사마귀는 사마귀가 뜯어먹는다고 해서… 근데 우리 동네 사마귀는 잘 먹어주지 않아서 그것도 관두었다. 그래서 한 동안 왼손을 주머니에 넣고 다니고는 했었다.

그렇게 잘사는 수진이를 단짝으로 포섭했고 처음 그녀의 집에 초대되었을 때 나는 깜짝 놀랐다. 우리 집은 식구 열 명이 북적대며 살았는데, 가순아들은 한 방에 여섯 명이 같이 자야 했고, 세 명 꼴로 이불 하나씩 배당되었기에 추운 겨울에는 이불 끝에 누워 있는 사람들은 이불을 빼앗길까 봐 입으로 꽉 물고 자다가 아침이 되면 이가 빠질 듯이 아픈 걸 느끼며 살았다.

그런데 수진이 방은 이층침대가 있었다. 잡지에서나 보던 이층침대!

우리 집은 전화요금 많이 나온다고 다이얼식 전화기 1번에 자물통을 잠궈 놓아서, 전화는 거는 게 아니고 받는 것에 만 사용되는 줄 알았는데 수진이 집에는 그 당시 무선 전화기가 있었다. 우리 집 텔레비전은 채널이 고장 나서 펜치로 돌려야 하는데, 수진이네는 리모컨이 있어서 텔레비전 앞까지 가지 않아도 멀찍이서 채널을 돌리는 시스템을 갖추고 있었다. 1980년에 말이다. 최첨단 집이었다.

우리 집은 자식들이 많다 보니 밥 세끼 먹는 것 외에 간식이라고는 밭에서 캘 수 있는 고구마나 감자가 다였다. 가끔 오이나 가지, 토마토를 따먹기도 하지만 말이다. 가지를 날 것으로 먹다 보면 입술에 보라색이 배어서 저승사자처럼 될 때도 있었다. 어쩌다 명절에 사과 한 짝이라도 들어 온다 치면 토요명화 보면서 열 명이 계속 먹어 대어서 한 시간 뒤에는 박스에 앙상한 사과 잔해들만 개 뼈다귀처럼 남았는데… 수진이네는 단출한 식구 네 명에 먹을 것이 넘쳐났다. 그야말로 나에게 그곳은 천국이었다.

다행히 수진이 부모님은 나를 좋아해 주셨고 나는 기회만 되면 그 집에서 시간을 보냈다. 한 번은 두 달 정도 우리 집을 안 들어간 적도 있었다. 그래도 너무 안 들어가서 부모님이 걱정하실까 싫어 오랜만에 집에 돌아갔는데, 내가 집을 들어갔다 나왔다 한 것도 모르는지 아무도 나에게 어디 갔다 왔냐 라고 물어보는 사람이 없었다.

엄마에게 내가 "엄마 나 두 달 만에 집에 들어왔는데 궁금하지도 않았어?"라고 하니 엄마는 너무도 태연하게 "그랬나? 하도 가순아가 많아가지고 몰랐다. 빨리 나와서 일 거들어라~" 라고 이야기했다.

'우리에서 나간 염소도 어디에 있는지 챙기는 세상에 나는 염소보다도 못한 존재란 말인가?'

어찌되었던 다시 개그맨 시험 낙방 후의 이야기로 돌아오면, 그렇게 스물 두 살 개그맨시험 낙방이라는 큰 좌절을 맛 본 나는, 친한 친구 수진이를 찾아가 내 인생에 대해 푸념을 늘어 놓았다. 때마침 그 때 수진이가 아빠랑 말다툼을 심하게 하고 속상해 있어서 바로 작업 착수에 들어갔다.

"수진아 내가 봤을 때 너는 네 아버지랑 잘 안 맞는 거 같아! 우리도 이제 성인인데 너네 아빠는 너를 너무 아이 취급하신다. 우리 세상을 향해 떠나자. 자유를 위해"

아픈 구석을 정확하게 건드렸는지 어쨌는지 모르지만 수진이는 나의 꼬임에 넘어갔고 고급스런 공주의 삶을 살던 친구는 나를 따라 난생 처음 가출을 하게 되었다.

우리가 찾은 곳은 과자공장이었다. 일단 그 곳을 택한 건 우리가 아직 학생신분이기에 다른 곳에 취직을 하는 것은 어렵고 아르바이트 형식으로 갈 수 밖에 없었다. 과자 공장을 택한 건 나였다. 가족들 눈치 보느라 그 동안 못 먹어본 과자를 실컷 먹어보자는 심산이었다. 우리가 하는 일은 고되고 힘든 단순 노동이었다

일주일 간은 낮에, 그 다음 일주일 간은 밤에, 열 두 시간 동안 서서 과자를 포장해야 했는데, 그래도 버틸 수 있었던 것은 포장 중간중간에 과자를 입안으로 많이 넣을 수 있어서였다.

나는 과자가 있기에 그 생활이 그럭저럭 괜찮은데 한 번도 그렇게 힘든 생활을 해 본적이 없었던 내 친구는 두 달 정도가 지나자 얼굴 색깔이 과자처럼 하얗게 변해 벼렸다. 친구는 차라리 아버지랑 화해하겠다며 나를 남겨 놓고 집으로 돌아갔다. 홀로 된 나는 그 공장에서 8개월을 살았다. 한달 월급 46만원! 8개월 뒤 나는 대학 학비 1년치를 모으게 되었다.

공장 생활에서 가장 힘들었을 때는 저녁 8시부터 아침8시까지 꼬박 밤을 새울 때였다. 좋아하는 과자를 집어먹으며 버티는 것도 하루 이틀이지 사실 젊은 혈기에 밤을 새운다는 것은 너무도 힘든 일이었다. 잘못하면 깜빡 졸다가 컨베이어벨트에 손이 끼는 엄청난 사고가 날 수도 있었다.

그래, 웃음을 주는 사람이 되자!

야간 근무를 하는 어느 날 이었다. 그날도 밤을 꼬박 새우고 아침에 동이 틀 때 즈음, 기숙사로 지친 몸을 이끌고 동료들과 돌아왔다. 기숙사 로비에 TV가 켜져 있었는데, 코메디프로 봉숭아학당을 방영하고 있었다.

맹구와 오서방이 우스꽝스러운 복장으로 특이한 제스처와 목소리로 연기를 하고 있었다.

"크하핫~~하하하"하며 동료들은 일제히 웃고 있었고, 기숙사 방에 들어가지도 않은 채 로비에 자리를 잡고 봉숭아학당을 씹어먹을 태세로 눈을 떼지 않고 집중하며 보고 있었다. 어떤 친구는 깔깔거리며 배를 잡고 옆 사람을 때려 가며 웃었다. 세상 어떤 근심도 없는 아이 같은 모습으로…

내 눈에는 그들의 모습이 너무도 행복해 보였다. 그 친구들 집안 사정이 어떤지, 심각한 고민은 뭔지, 육체적으로도 얼마나 힘든지를 알고 있는 나였기에 그 순간 기숙사 로비의 풍경은 나에게 커다란 충격으로 다가왔다. 그리고 마음 속에 결심을 했다. '그래, 앞으로 저 일을 하자! 세상 어딘가에 지치고 힘든 사람들… 그들이 무슨 직업을 가졌을지 어떤 상황인지는 모르지만 그들의 힘듦을 잊게 해주는 일을 하자! 그래, 웃음을 주는 사람이 되자!'

공장생활 8개월뒤, 나는 짐을 쌌고 다시 식구들이 버글대는 집으로 내가 만든 쌀과자를 싸가지고 돌아왔고, 아직은 아무런 희망이 없어 보이는 연극영화과로 복학했다. 그리고 개그맨이 되기 위해 본격적으로 알아보기 시작했다. 하지만 역시 방송에 부적합한(?) 외모 때문에 몇 번의 고배를 마시게 되었다.

1992년 KBS의 '청춘스케치'라는 대학생들이 출연하는 프로그램에 나오게 되었다. 나는 휘트니 휴스톤의 'I will always love you'를 충청도 버전으로 코믹하게 부르며 1등을 했고, 그 후 송은이, 김생민 등과 함께 '코메디외인극단'이라는 팀에 합류해 꽁트로 데뷔했다.

나의 독특한 말투나 제스처는 사람들에게 강한 인상을 주며 인기를 얻게 되었다. 지금도 기억나는 그 때 나의 유행어는 "무슨 소리! 처녀야!" 라는 말이다. 그 말은 우연히 나온 말이었다. 내가 20대임에도 불구하고 생긴 게 아줌마 같으니까 같이 연기를 하는 동료가 애드립으로 아줌마라고 나를 불렀고, 나도 애드립으로 '무슨 소리! 처녀야!'라고 무서운 표정을 지으며 말한 것이 내 캐릭터가 되었다.

어느 정도 시간이 지난 후 김국진 오빠랑도 재회를 했다. 오빠는 나를 반갑게 맞아 주었고 이렇게 이야기했다.

"나는 네가 언젠가 될 줄 알았어. 넌 어디서도 못 본 캐릭터야! 열심히 하자"

나의 강한 인상과 연기는 그 당시 사람들을 놀라게 했고 그 때 했던 코너 중에 아직도 기억에 남는 것이 있다. KBS 코메디프로 '폭소대작전' 중 '집중 여성채널'이라는 것이 있었는데 여자 세 명이 토크 형식으로 이끌어 나가는 코너였다. 나는 그 중에 매주 피해여성으로 등장했다. 특유한 경상도 사투리로 말끝마다 "그랬잖아! 했잖아!"라고 강한 어투를 집어 넣었다. 나중에 개그맨 김준호가 개그콘서트에서 '잖아~잖아~'를 유행시킨 것도 그 때 내 캐릭터를 따라 한 거라고 했다.

그 당시 방송에 소개되었던 한 에피소드를 회상하여 소개하면 이렇다.

"어제 남편한테 맞았잖아!"

"뭘로 맞았어요?"

"고무장갑으로 맞았잖아!"

"고무장갑이 뭐가 아파요?"

"고무장갑에다가 물을 잔뜩 집어 넣었잖아. 그리고 쫑쫑 묶어서 냉동실에 얼려 놓았다가 맞았잖아. 아팠잖아!!"

사람들은 박장대소 했다. 그 때 공장에서 피곤한 동료들이 봉숭아학당을 보며 배꼽잡고 웃었던 그 웃음을 드디어 나도 그들에게 주게 된 것이었다. 진짜 뿌듯했다.

그 후 나는 '울엄마'라는 코너에서 서경석과 같이 콤비로 연기를 하면서 또 인기를 얻게 되었다. 시장통에 홀로 아들 경석이를 키우면서 김쌤이라는 김진수를 사랑하는 그런 스토리였는데 감동도 있었고 웃음도 있었다.

어렸을 때 시장에서 장사하던 그 경험을 그대로 살려내 연기를 하는 데 도움이 되었던 것 같다.

또 팝송에 재미있게 발음을 달아서 만든 '아나까나'라는 노래는 나오자마자 사람들이 무슨 이런 노래가 다 있냐며 어려워서 따라 부르지도 못하며 내가 노래할 때 웃어댔다.

'아나까나까나리 까니 키퍼웨이 바리 소 올라잇… 유노유 개한테 나있어 프란쌍까르페이바리소올라잇!'

오죽하면 무슨 말인지 몰라서 KBS에서는 방송 부적격 판정을 받아서 지금도 이 노래를 틀 수가 없다. 노래를 부르더라도 15초 이내에 불러야 되는 아픔이 있을 정도다.

그 후 MBC 코메디프로 '웃지마'라는 코너에서 영화 '반지의 제왕'의 캐릭터인 '골룸'을 연기했었다.

골룸은 늪지대에 사는 머리카락도 없고 옷도 입지 않고 눈도 튀어나온 듯한 얼굴을 한 소위 괴물처럼 생긴 캐릭터이다. 골룸을 연기하게 된 에피소드를 소개하면 이렇다. 해당 프로그램의 코너는 출연자들이 정극으로 연기를 하다가, 한 사람이 심하게 웃긴 분장을 하고 나와도 절대로 웃으면 안 되는 벌칙이 있었다.

어느 날 그 프로의 담당피디가 나에게 전화를 걸어서 그렇게 말했다.

"혜련씨. 반지의 제왕이라는 영화가 있는데 그거 한 번 보세요. 거기에 나오는 주인공을 연기하면 너무 잘 어울릴 것 같아요."

'주인공? 누구지?'

영화를 돌려가며 보았다. 그런데 주인공들은 너무도 멋있게 생기고 웃기지는 않았다. 그러다가 갑자기 늪지대에 괴물처럼 생긴 골룸이 나오는데 대사도 별로 없고 입으로 "마이프레셔스~~ 골룸! 골룸!"만 계속 외치며, 마치 천식 걸린 듯이 기침을 연신 해대는 거였다. 혹시 이건 아니겠지 싶어서 피디에게 물어보니, "맞아요! 그거에요. 혜련씨한테 딱 이에요. 너무 재미있을 거 같아요"라고 했다.

많이 고민했다. 그래도 나도 여자인데 머리카락 몇 개 널어놓고 눈썹밀고 이는 다 썩은 분장에 옷은 거의 나뭇잎 하나 걸칠 정도의 모습으로 연기를 해야 했다. 녹화 날은 다가왔고 분장은 완성되었다. 이제 내가 나가야 할 차례이다. 그 때까지만 해도 속으로 '약하게 하자. 너무 비호감이 될거야.' 라는 마음으로 망가지고 싶지 않았다. 그런데 왠걸! 카메라 앞에 서자마자, 나는 혼신을 다해 그 캐릭터를 살려 내었다.

"마이프레셔스~~골룸"을 외치는 것은 기본이고, 뒷다리를 들어가며 탁자로 기어올라가 영화 반지의 제왕의 스미골보다 더 오버해서 연기했다. 그 방송이 나가고 우리아이들이 충분히 걸어 다닐 수 있는 나이임에도 불구하고, 일주일정도 엄마의 모습처럼 기어 다니며 "엄마 골룸~밥줘~골룸" 이라며 흉내 내었다. 내 모습을 본 산골에 사는 할머니는 밥을 먹다가 밥숟가락을 떨어뜨리셨다고 했다. 경악을 금치 못해서…

그렇게 나는 한국에서 웃음을 주는 개그우먼으로서 살아가게 되었다. 1992년에 데뷔를 했으니, 벌써 연예인으로 활동한지도 27년째로 접어 들고 있다.

26년 동안 여러 방송프로그램을 하면서, 참 많은 경험을 했고,

그만큼 수많은 에피소드들도 있었던 것 같다.

내가 했던 프로 중에서 가장 재미있는 상황이 많았던 것은 MBC 방송의 '일요일 일요일 밤에' 중 '긴급구조 여보세요!'라는 코너다.

나는 늘 사고를 일으키는 장본인이었고, 사고 난 곳에 김국진 씨가 긴급구조원으로 달려오는 헤프닝 코메디였다.

화장실에 있는 높은 선반의 물건을 꺼내려고 변기에 발을 디디고 올라섰다가 변기에 발이 그만 빠져 빼지도 못하는 상황, 너무 더워서 냉동실 바닥에 있는 얼음을 핥다가 혀가 붙어버리는 상황, 차가 너무 막히는 것이 심심해서 핸들에 머리를 넣었다가 끼어서 안빠지는 상황, 당구치다가 당구공이 입에 들어가서 그걸 구하러 오는 에피소드 등등, 정말 안 해본 것이 없었다.

그래도, 가장 잊지 못하는 기억은 죽음의 문턱까지 가 보았던 두 번의 경험이다.

SBS 쇼예능 '스포츠 대 탐험'이라는 프로가 있었는데, 'UN'이라는 가수와 내가 갖가지 스포츠를 경험하며 마스터를 해가는 과정을 보여주는 것이었다.

처음 도전한 것은 하늘을 나는 패러글라이딩이었다. 완전 초보자인 우리의 도전목표는 경기도 양평 유명 산에서 팬덤(두 사람이 한 패러글라이딩을 타는 것)연습을 하고 마지막은 스위스에 있는 죽음의 계곡 '필라투스' 1300미터 고지에 솔로로 멋지게 타고 내려오는 거였다. 필라투스에 오르기 전 날, 우리는 먼저 조금 낮은 산에서 몸을 풀 겸 연습에 들어갔다. 혼자 패러글라이딩을 타고 산에서 뛰면 내 몸에 부착되어 있는 무전기를 통해서 코치가 방향을 알려주고, 그 지시에 따라 줄을 조절해서 목적지에 도착하는 것이었다. 두 사람은 먼저 나아갔고 그 다음은 내 차례였다. 두려웠지만 카메라 앞이라 프로의 모습을 멋지게 보여주고 싶었다. 발걸음을 내딛고 멋지게 날아 올랐다. 하늘을 나는 그 기분은 정말 기가 막혔다. 그런데 그 후에 아무도 내게 어느 쪽으로 가라고 지시해 주는 사람이 없는 게 아닌가? 나는 속으로 '아니 왜 아무도 이야기를 해주지 않는 거지?'라고 생각했지만, 뒤를 돌아볼 수도 돌아갈 수도 없었다. 그저 앞만 바라볼 뿐!

내 시선은 무전기가 달려 있는 주머니 쪽을 향했다.

"아악! 이게 뭐야?…" 있어야 할 무전기는 없고 줄만 달랑달랑 달려 있는 것이 아닌가?

등줄기에 땀이 흐르기 시작했다. 그 때 나는 '아! 이렇게 죽는 거구나…' 하면서 그 동안의 인생이 주마등처럼 빠르게 스쳐 지나갔다. 눈물이 쏟아져 흘렀다.

땅 아래를 보니 낯선 전선줄과 수 많은 차들이 쌩쌩 거리며 달리고 있었다.

무전기가 떨어져서 나와 연락이 되지 않는 것을 깨달은 스태프

들은 급기야 코치를 패러글라이딩에 태워 나를 뒤쫓아 오게 했다.

"우…왕 쪽" 이라는 소리가 내 뒤에서 들렸다.

"뭐라구요? 잘 안들려요"

"오른 쪽!… 왼쪽!…"

바람소리에 뒤섞여 구별이 잘 가지 않았지만 살아야 하기에 짐작으로 오른쪽은 조금 긴 소리로, 왼쪽은 짧은 소리로 판단해 그것에 따라 줄을 잡아당기며 결국 목적지로 도착했다. 착지할 때는 얼음바닥에 머리로 착지를 하면서 말이다. 그렇게 죽지 않고 살아났다.

또 한 번은 스쿠버다이빙에 도전했는데 사이판의 25미터 바다 속에서 수경에 물이 찬 것을 빼내려고 벗었다가 바닷물을 들이마셔 버렸다. 그 순간 정신이 아찔해지고 동공이 풀리며 패닉 상태에 들어갔다. 스쿠버다이빙을 하다가 그 상태가 되면 사람은 무조건 위로 만 올라가려고 한다. 하지만 그렇게 되면 몸에 질소가 차게 되어 폐가 상당히 위험해진다.

나를 가르치던 조교는 내 머리를 세게 후려치며 '내 눈을 똑바로 봐!' 라고, 손가락과 눈으로 지시했다. 그렇게 해서 나는 가까스로 정신을 차리고 살아날 수 있었다.

이렇게 위험했던 순간을 돌이켜 회상해 보니, 문득 이런 생각이 든다.

'내가 이 때 죽지 않고 지금 살아있는 이유가 있구나!'

아부지가 미안하다

아버지에 대해서는 위에서도 언급을 했는데 아직도 할 말이 많아서 몇 가지만 언급하고 갔으면 한다. 친할머니에게는 아들이 둘 그리고 딸이 있었는데 큰 아들은 6.25 전쟁 중에 월북을 해버려서 소식도 모르고 자신에게 남은 아들이 하나뿐이어서 그렇게 애지중지 키웠다.

그래서 대학가기 어려웠던 그 시절에도 시골에서 서라벌예대를 보낼 정도니 말 다했다.

하지만 아버지는 젊을 때부터 폐가 약했고 결핵을 앓았었다. 엄마랑 결혼해서 조씨 집안의 대를 이을 아들을 낳는 것에 실패하면서 할머니에게 실망감을 계속 안겨주자 아버지는 자신감이 점점 없어져 갔다. 몸도 약하기에 자신의 꿈도 펼쳐 보지도 못하고 말이다. 우리가 경상도 고성에 살 때 아버지는 가끔 혼자 서울을 다녀오곤 하셨다. 한 번도 서울이라는 곳을 가보지 못한 우리는 아부지가 돌아오기를 늘 기다렸다. 평상에 우리를 모아놓고 아버지는 마치 무용담 하듯이 서울의 풍경을 우리에게 자세히 그려줬다. 특히 서울 창경원에 있는 88열차(롤러코스터)를 표현하던 아버지의 모습을 지금도 잊지 못한다.

"딱봐라이… 기차 같은 게 위로 딱딱딱딱… 올라간다이… 다 올라갔재, 다 올라갔다이… 이제 내려간다 후와악~~" 하면서 본인이 사용할 수 있는 표정과 손짓 발짓을 다 사용해서 마치 3D를 보듯이 우리에게 설명해주셨다. 그걸 듣는 우리는, 88열차를 타고 있는 듯한 생생함을 느끼다 못해, 평상에서 나가 떨어지기도 했다. 그런 아버지는 두 가지가 없었다. 경제능력과 아들 만드는 능력. 물론 경기도 산본으로 이사 와서 여덟 번째에 드디어 아들을 만들어 내긴 했지만 경제능력은 늘 제로였다.

아버지는 딸들 중에서 나를 가장 예뻐했다. 생긴 게 당신과 비슷해서였다. 아홉 살 때 나는 너무 피아노가 배우고 싶었다. 손은 뭉뚝하지만 그래도 누군가 피아노 치는 것을 보고 있으면 그 피아노 앞에 내가 앉아있는 것을 항상 상상하곤 했었다. 그 날이 내 생일로 기억되는 데 내가 아버지한테 그냥 푸념하듯이 말을 꺼냈었다.

“아부지, 내는 피아노가 너무 배우고 싶어요!”

“피아노 배우고 싶나? 그럼 가자!” 하시며, 아버지 전용 짐자전거 뒤에 나를 앉히고는 피아노학원 앞에 데리고 갔다. 학원 문을 여니 피아노를 치는 아이 몇몇이 보였다.

“아이고 선생님 저 뭡니까! 우리 앤데 피아노 한번 쳐봐도 됩니까?”

허름한 아저씨가 갑자기 들어와 부탁하니 그 선생님은 탐탁하지 않은 표정으로 그러라고 눈짓으로 오케이 사인을 보냈고 아버지는 흥분하며 나한테 쳐보라고 했다.

‘도미솔도미솔라라라솔파파파미미미레레레도’

“되었재?… 고만 가자!”

“아부지! 내 말은 한 번 쳐보는게 아니고 배우고 싶다고요. 학원 다니고 싶다고요.”

나는 소리쳤다.

“내가 돈이 읍다. 미안하다이!”

그게 다였다. 아버지 짐자전거 뒤에 실려 나는 뒤에서 눈물을 훔치며 다시 집으로 돌아왔다. 아버지 잠바를 꽉 안 잡으면 덜컹거릴 때 떨어질 수도 있는데 아버지가 얄미워서 그 옷을 꽉 잡지 않았다.

그 후 그렇게 싱거운 아버지를 나는 별로 좋아하지 않게 되었다. 아니 미웠다. 그리고 아무 때나 시도 때도 없이 하는 그 ‘미안하다'는 말이 너무도 듣기 싫었었다. 아버지를 미워하는 마음은 사춘기가 되니 더해갔다.

아버지의 인상착의!

늘 허름한 황색바지와 잠바에 짐자전거… 길에서 아버지를 마주치면 나도 모르게 놀랐다. 특히 옛날부터 잇몸이 약해서 앞니가 다 빠진 탓에 진작부터 틀니를 끼고 다니셨는데, 싼 값에 맞춘 거라서 잘 안 맞았는지 아파선지 잘 모르겠지만 항상 빼서 주머니에 넣고 다니셨다. 그 주머니에는 틀니와 코 푼 휴지와 동전과 담배꽁초를 항상 같이 넣고 다니셨다.

중3 어느 날, 나는 나 혼자만 보는 일기장에 아버지에 대해서 쓴 적이 있다. 그냥 진짜 나만 보는 개인일기장에 신세한탄처럼 쓴 거였다. 내용은 이랬다.

'수진이가 너무 부럽다. 수진이는 아버지가 능력이 있어서 잘 살고 용돈도 많이 받는데 나는 아버지한테 평생 용돈도 못 받아보는 불쌍한 딸이다'라고 쓴 것 같다.

며칠 후 학교가 끝나고 친구들하고 같이 나오고 있는데 정문 앞에 어디서 많이 보던 짐 자전거에 틀니를 빼고 휴지로 코를 닦고 허름하게 옷을 입고 누군가를 기다리는 어떤 아저씨를 발견했다. 바로 아버지였다. 아버지를 발견하자마자 나는 고개를 급하게 돌리고 친구들과 발길을 다른 쪽으로 향해 빠른 걸음으로 걸어가고 있었다. 그 때 "혜련아!…" 하고 부르는 아버지 소리가 들렸다.

나는 못들은 체했다. 다시 나를 부르자 친구들이 이렇게 말했다.

"혜련아 어떤 할아버지가 너 불러"

분명히 할아버지라고 했다. 애들 눈에 할아버지로 보이는 것은 당연한 거다. 일이 복잡해질 것 같아서 나는 아이들과 멀찍이 떨어져서 빠른 걸음으로 아버지한테 다가 갔다.

"아버지, 학교에는 왜 오셨어요?"

아버지는 내가 묻는 말에는 대답 하지 않고 주머니에서 뭔가를 꺼내더니 나에게 주면서 "동무들하고 떡볶이 사무라. 아부지가 니 줄라꼬 돈 벌었다 아이가" 하면서 주머니에서 틀니를 꺼내어 나에게 건네려고 했다. 내가 인상을 쓰자 당황한 아버지는 "이게 아이다. 미안하다" 하며 또 그 주머니에서 돈 말고 코 푼 휴지를 꺼냈다. 그렇게 담배꽁초와 코 푼 휴지와 틀니를 몇 번 반복하다가 결국 나에게 건네진 것은 꾸깃꾸깃한 돈 3000원이었다.

"친구들하고 맛있는 거 사무라" 하면서 씨익 하고 웃으셨다. 나는 급하게 돈을 받으며 아버지에게 인사로 건넨 말은 간단했다.

"아버지, 제발 이빨 좀 끼고 다니세요"

그 말을 듣자 아버지는 틀니에 묻은 담뱃재를 털어내며 불편한 이를 내 앞에서 끼워 넣으며 이렇게 말했다.

"미안하다이"

나는 돈을 받고 돌아섰다. 내가 돌아서고 아버지는 분명히 그 불편한 틀니를 또 빼서 주머니에 넣었을 거다.

나중에 언니한테 들은 이야기인데 아버지는 우연히 방에서 내 일기를 발견하고 아버지에 관해 쓴 이야기를 읽게 되었고, 그 후 나에게 용돈을 주기 위해 공사판에서 벽돌 나르는 일을 꼬박 3일 했다고 했다.

내가 개그맨이 되어서 유명해지니 누구보다도 아버지가 가장 좋아하셨다. 마치 자신이 연예인이 된 것처럼 내가 나온 프로를 녹화해서 또 보고 또 보며 늘 허허하고 흐뭇하게 웃으셨다.

설날에 딸들이라도 놀러 가는 날이면 자식들한테 준다고 큰 달력 뒤에 호랑이 그림을 정성스럽게 그려서 똘똘 말아서 노란 밴드 고무줄로 묶어 놓았다. 아버지는 그림도, 노래도, 일본어도 다 잘 하셨었다.

그리고 퉁소랑 만돌린을 두 달 전부터 연습해서 자식들 앞에서 연주하려고 준비를 하셨다. 가족들이 하나 둘 씩 다 모이고 차례를 지내고 나면 아버지는 한 켠에서 그 동안 닦고 쌓은 실력을 보이려고 퉁소에 입을 맞추고 '푸~'하고 불기 시작했다. 그러면 우리는 동시에 아버지 쪽으로 돌아보며 "아버지 조용히 좀 하세요! 이야기소리가 잘 안 들려요!" 하며 저지시켰다.

속상해진 아버지는 정종 한 병을 방에 들고 들어가 라디오를 크게 틀고 누워계셨다. 결국 집에 다들 돌아갈 때도 아버지의 호랑이 그림은 현관 앞에 고스란히 남아있었다. 그렇게 남아있는 호랑이 그림을 발견했을 때 아버지는 또 정종을 드셨을 거다.

그렇게 인정받고 싶어하던 아버지를 우리는 곱게 받아들이지 않았다. 내가 방송으로 아주 바쁘고 소위 잘 나갈 때 한 번은 부모님 집에 들렀을 때 아버지는 나에게 말을 걸어 오셨다.

"혜련아! 내가 드라마를 보는데 태조 왕건 안 있나! 그걸 보는데 최수종이가 진짜 연기도 잘하고 너무 재밌다. 근데 내도 거기 한 번 출연하면 안되겠나? 내도 연극영화과 안 나왔나? 포졸이라도 좋으니까 피디한테 이야기해서 한 번 나가게 해도!"

나는 나이 드신 아버지가 왜 그런 고생을 하시려고 그러냐며 단호히 거절했다.

"아버지 그게 얼마나 힘든 줄 아세요? 뙤약볕에 한국민속촌에서 하루 종일 서 있어야 되고 진짜 힘든 거에요. 그리고 저는 드라마 쪽은 잘 몰라요. 그냥 용돈 드리면 집에서 텔레비전 보시면서 편하게 지내세요!" 기죽은 아버지는 또 "미안하다이" 하면서 조용히 자신의 방으로 들어가셨다.

그 후 아버지는 몸이 많이 안 좋아지셔서 누워 계시는 시간이 많아 지게 되었고 우리는 가끔 병문안을 가기도 했다.

그러던 어느 날, 엄마한테서 급하게 전화가 왔다. 아버지가 이상하다면서 다들 모여야겠다고…

많이 드시지 못하셔서 앙상하게 뼈만 남은 아버지는 호흡을 가

뻐게 몰아 쉬며 누워 계셨다. 말도 잘 하지 못하고 힘들게 호흡을 내쉬는 아버지는 겨우 눈을 한 번 뜨시더니 내 얼굴을 보고 힘없이 미소를 짓다가 나에게 뭐라고 이야기를 하는 듯했다. 잘 들리지가 않아서 내가 귀를 아버지 입에 갖다 대니

"미… 미…"

"아버지 뭐라구요? 잘 안 들려요!"

"미안하다이!"

그렇게 마지막까지 아버지는 나에게 미안하다는 말을 남기고 눈을 감으셨다.

늘 들어왔던 아버지의 그 마지막 말에 나는 뒤통수를 맞은 것 같았다. 당신의 평생에 얼마나 우리에게 미안하다는 생각을 하셨으면 유언처럼 남기고 가시는가 말이다.

아버지가 돌아가시고 두 달 뒤 나는 일상으로 돌아갔고, 우연히 노래방에서 노래를 부르는 기회가 생겨서 아버지 생각도 나고 해서 가수 '강산에'의 '라구요'라는 노래를 선택했다.

'두만강 푸른 물에 노젓는 뱃사공을 볼 수는 없었지만 그 노래만은 너무 잘 아는 건 내 아버지 레파토리 그 중에 십팔번 이기 때문에 십팔번이기 때문에… 고향생각 나실 때면 소주가 필요하다 하시고 눈물로 지새우시던 내 아버지 이렇게 얘기했죠 죽기 전에 꼭 한 번 만이라도 가봤으면 좋겠구나 라구요"

그 노래를 부르다 나는 아버지 생각에 오열을 하고 말았다.

갑자기 틀니 빼고 다니는 허름한 아버지가 가슴 저미도록 보고 싶었다. 그리고 너무 미안했다. 평생을 우리에게 미안하다는 생각으로 사셨던 아부지. 끼도 많고 꿈도 많은 한 사람이 그 꿈을 이루지도 못하고 천덕꾸러기처럼 사셨는데 그 분이 이제 보고 싶어도 내 옆에 없는 거다. 나를 이세상에 태어나게 해주셨고 그 끼들을 물려주시고 늘 응원해주셨는데 나는 그런 아버지에게 따뜻한 말 한 마디 건네지 못했던 거다.

떡볶이 사먹으라고 노동일해서 그 꼬깃꼬깃한 돈을 건네 주었을 때 틀니에 대한 이야기로 쏘아 붙이지 않고 "감사합니다"라고 이야기할 걸!… 호랑이 그림 그려주셨을 때 집에 걸어놓지는 않더라도 잘 그리셨다고 이야기하며 가지고 가 줄걸!… 우리를 위해 통소를 불어주셨을 때 억지로라도 박수 쳐드릴 걸!

그리고 태조 왕건 나가신다고 할 때 피디님께 부탁해서 내가 직접 차에 모시고 가서 포졸옷 입혀드리고 연기를 하시게 할 걸!

끊임없이 후회되는 일들이 내 머리 속에서 기억되어 나왔다. 너무 늦은 무렵에 이제 다시는 볼 수 없는 아버지를 그리워하며…

그 때 울면서 이렇게 외쳤다.

"아버지 내가 미안합니다. 아버지 죄송합니다."

일본방송에 도전해 볼까?

지금까지의 내 인생을 돌아보며 힘들었을 때가 언제인가를 꼽아 보라면 정말 셀 수도 없이 많다. 그래도 가장 힘들었을 때를 말하라면 아마도 일본이라는 나라에 도전장을 내고 활동했던 7년간의 시기인 것 같다.

내 나이 30대 중반 즈음, 딸 윤아가 여덟 살, 아들 우주가 여섯 살 때이다.

아이들이 어렸을 때에도 나는 여전히 방송 활동으로 늘 바빠서 아이들과 시간을 함께 보내지 못했다. 어린 딸은 엄마를 너무도 좋아했다. 아침에 눈을 떠서 엄마에게 제일 먼저 하는 말은 이거였다.

"엄마 오늘은 안 나가요? 나랑 놀아줄 수 있어요?"

"엄마 오늘 일 있어!"

"… 내일은요?"

이렇게 자신과의 스케줄을 확정하려고 애를 썼다. 특히 내가 동화책을 읽어주면 마치 동원된 방청객처럼 깔깔대며 웃고 좋아했다.

딸한테 내가 물었다.

"엄마가 읽어주는 게 그렇게 재미있어?"

"네! 엄마가 읽어주는 동화책은 책이 살아서 튀어나오는 것 같아요!"

그리고 또 읽어 달라고 가져 오면 나는 조금 읽어주다가 잠들어 버리곤 했다. 그러면 내 눈을 뒤집어 까면서

"엄마 눈떠 아직 안 끝났어!" 라며 매달렸었다.

그렇게 아이들은 엄마의 존재를 좋아했고 원했는데 나의 삶은 늘 분주했다.

가만히 있지를 못하는 성격이라고나 할까? 일이 없으면 일을 만들고 그걸 이루기 위해 앞만 보고 달리는 불도저 같은 삶을 사는 나였다. 더 나아가서 이제 나의 일에 대한 욕심은 한국 활동으로 만족하지 못했다.

바쁜 방송활동 중간에 잠시 짬을 내어서 일본에 여행을 갈 기회가 있었다. 그때, 호텔에서 우연히 일본방송을 보게 되었다. 잘

알아듣지는 못했지만 일본 쇼 예능 분위기가 한국방송과 상당히 흡사하다는 생각을 했다. 뭔가 모르게 이끌림이 있었다고나 할까? 그 때 갑자기 그런 생각이 들었다. '일본어를 할 수 있다면 일본 방송에 도전해 볼 수 있지 않을까?'

그 후 한국에 돌아와서 그냥 무작정 서점에 가서 일본어 책을 산 다음, 시간이 날 때마다 일본어를 들여다 보았다. 히라가나부터 하나씩 익혀나갔다. 그렇게 두 달 정도 공부한 후 인터넷에서 내가 소속하면 좋을듯한 일본 연예인회사를 뒤적거렸다.

아무도 나를 오라고 하는 사람이 없는데 나는 혼자 그렇게 능동적으로 세상에 뛰어들려고 애썼다.

인터넷을 검색하다가 그 당시 먼저 일본에서 활동하는 탤런트 윤손하를 찾아냈고, 그녀의 전화번호를 알아내었다. 서로 왕래도 별로 없었던 그녀에게 나는 국제전화로 전화를 걸어 대뜸 무턱대고 부탁을 했다.

"손하야. 나 혜련이야. 조혜련!"

"어 언니. 웬일이야?"

다른 설명 없이 바로 나는 본론으로 들어갔다.

"나도 일본 활동을 하고 싶은데 일본매니저 좀 소개시켜 줄 수 있어?"

그리고는 나중에 책임져야 할 엄청난 결심의 말을 던졌다.

"일본에 가면 완전 신인으로 열심히 할께"

부담스런 부탁임에도 불구하고 손하는 나를 위해 발로 뛰어 주었다. 그녀는 '조혜련'이라는 한국에서 유명한 개그우먼이 있는데, 일본에서 신인으로 열심히 하려고 한다는 말을 매니저에게 전했다.

손하 덕분에 나는 일본 매니저와 만나게 되었다.

일본의 유명 대형기획사의 매니저를 소개받은 곳은 일본 번화가 하라주쿠에 있는 고급커피숍이었다.

그 때 내가 말할 수 있는 일본어 수준은 '하지메마시테. 요로시쿠오네가이시마스.' (처음뵙겠습니다. 잘부탁드립니다.) 정도였지만 의지만큼은 눈에 불꽃이 튀어 나올 정도였다. 일본 매니저는 나한테 할 수 있는 개그를 한 번 보여보라고 했다.

그 때는 일본어를 잘 말하지 못했기에 몸으로 표현할 수 밖에 없었다.

그래서 '골룸'을 했다. 반지의 제왕이라는 영화가 워낙 세계적으로 알려져서 나는 일본 사람들도 당연히 아는 줄 알았다.

막상 하려고 하니 걱정이 되었다.

'바닥을 기면서 뛰어다니다가 탁자에 올라가야 되는데 괜찮을까?' 라는 갈등을 했지만 나는 망설일 수 없었다.

바로 그 고급스런 커피숍의 바닥을 기어 다니며 "마이프레셔스~골룸!"을 외쳤다. 더 잘 살리게 위해 한 짝 다리도 들어가면서 말이다.

결국 너무 오버해서 테이블까지 올라가려다가 카페 직원에게 저지당했다.

거기 있던 많은 일본 사람들을 당황시키며 말이다.

일본매니저는 많은 사람들 앞에서 그건 실례라면서 그것 말고 다른 건 없냐고 물었다. 머리를 또 굴려 보았다. 그리고 바로 보여 주었다.

'물구나무서기'

커피숍바닥에 머리를 대고 요가의 꽃인 물구나무를 섰다. 그런데 너무 긴장해서 그랬는지 그만 '꽈당!'하고 바닥에 넘어지고 말았다.

나의 행동에 많은 사람들이 당황해 했다. 아마 하라주쿠에 있는 고급 커피숍에서 그런 행동을 한 사람은 나밖에 없었을 것이다. 그런 황당한 자신감(?)에 차 있는 내게 그 매니저는 통역을 통해 이렇게 말했다.

"당신의 열정을 높이 삽니다. 나이가 적은 것도 아니고, 또 한국에서는 스타라고 하는 데 일본에서 신인으로 도전하겠다는 마음도 대단합니다. 오늘 당신의 눈을 보니 뭔가 모르는 그 의지가 더 느껴집니다. 그러나 일본어를 할 수 있어야 활동이 가능합니다. 지금부터 6개월동안 열심히 일본어를 공부해서 그 땐 통역 없이 만납시다. 그 동안 나도 당신에 대해 연구를 하고 있겠습니다."

일이 커진 것이다. 일본에 여행 갔다가 우연히 일본방송을 보게 되고, 지금은 프로덕션 면접까지 보게 되고, 앞으로 6개월뒤에 내가 노력해서 말을 하게 된다면 일본 방송에 진출하는 것이다. 나는 한국에 돌아와서 집 근처에 사는 일본선생님과 매일 세 시간씩 수업을 하며 하루를 시작했다. 방송녹화를 하러 가기 전에, 오전 7시부터 10시까지 매일… 그 일본어선생님은 한국말을 할 수 있는 사람임에도 불구하고 절대로 내 앞에서 한국말을 쓰지 않았다. 그리고 나에게 이렇게 설명했다.

"한국어와 일본어는 어순이 비슷해요. 특히 끝 어미는 일본어도 '~다. ~나. ~까.'로 끝나는 것이 많아요. 그러니 관건은 단어입니다."

그러면서, 나에게 요구한 것은 매일 단어를 100개씩 외우는 것이었다. 어느 날 선생님이 A4용지를 명함크기로 잘라 그 곳에 일본어 단어를 쓴 것을 한 묶음이나 가지고 왔다. 그리고는 그걸 가지고 다니며, 밥을 먹을 때도 쉴 때도 누울 때도 쳐다보라고 했다. 음식을 씹어먹듯, 6개월 동안 단어를 삼키다 보면 10,000개의 단어를 외우게 될 거라고 했다. 나는 선생님이 시키는 대로 하루에 단어 100개를 외어 갔다. 하루 동안 100개를 못 외우면 그 다음날은 200개를 외었다. 난 그렇게 미친 듯이 일본어 단어를 매일매일 암기했다. 왜냐면 절실했으니까! 그리고, 촉박했으니까!

매일 100개의 단어를 하루 종일 뚫어져라 쳐다보며 씹어먹었다. 밥 먹을 때도, 차로 이동할 때도, 볼일을 볼 때도, 잘 때도… 계속 보고 또 보았다. 그러다 다 외워진 단어는 쓰레기통에 버렸다. 하루 종일 보고 있어도 끝까지 외워지지 않는 것은 포스트잇으로 옮겨적고, 그것을 집 문설주에 붙이듯이 차 창문에 붙이고, 침대 옆에 붙이고, 외워질 때까지 단어를 씹어먹듯 외우고 살았다. 왜냐면 오늘 다 외우지 않으면 내일은 또 200개가 되니 말이다.

가장 잘 외워질 때는 화장실에서 큰 일을 볼 때였다. 계속 봐도 안 외워지는 '오찌루- 떨어지다'라는 단어가 있었는데, 화장실 정면 벽에 포스트잇을 써서 붙여놓고 '끄~'하고 힘을 주면 내 몸에서 큰 것이 '똥!' 하고 떨어져 나갈 때 기가 막히게 머리 속에 하나가 '콱!'하고 들어박히며 외워지는 걸 느꼈다.

'오찌루- 떨어지다'

그 때 세상의 원리를 깨달아 알게 되었다.

'아! 하나를 내 보낼 때 하나를 가지게 되는구나, 모든 걸 움켜지면 안 되는 거구나! 흐흐'

그렇게 6개월동안 10,000개의 단어를 외운 것 같다. 왠만한 일상 생활에 쓰는 단어는 다 알게 되었다고나 할까?

일본어 공부를 시작하기 전에도 항상 방송하느라 같이 놀 시간이 없는 엄마를 보며 속상해했던 딸은 이제 일본어 공부까지 하는 엄마를 보며 입이 삐쭉 나와 있었다. 엄마랑 놀고 싶은 어린 딸 윤아는 엄마 옆에라도 있고 싶어서 일본어 수업이 시작되면 말은 붙이지 못하고 조용히 책 한 권을 들고 와서 엄마 뒤에 앉아서 그것을 읽었다. 언제 끝나나 힐끔힐끔 쳐다보면서 말이다.

6개월뒤 나는 다시 그 매니저를 만나러 일본으로 향했다. 호텔 로비에서 통역 없이 나와 그 매니저, 단 둘만 만나기로 약속을 했다. 사실 많이 두려웠다. 왜냐면 지금까지 살면서 한 번도 한국어 말고 다른 언어로 누군가와 대화를 길게 나눈 적도 없었고 6개월 일본사람과 배웠다고는 하지만 한 사람하고만 사용한 것이어서 왠지 다른 사람과 말하면 안 통할 것 같은 두려움이 있었다. 그런데 인사를 나누고 2시간동안 둘만 이야기를 나누는데 있어서 아무런 문제가 안되었다.

그 매니저가 하는 말을 내가 알아듣고, 내가 하는 말을 그 매니저가 알아듣는 것이 아닌가?

매니저는 입을 떡하고 벌리며 말했다.

"진짜 6개월전에 골룸만 외치던 그 혜련이 맞아요? 어떻게 이렇게 빨리 일본어를 말할 수 있게 되었죠?"

그리고는 황급히 자기의 차에 나를 태우고 자신이 근무하는 사무실로 데리고 갔다. 그 날 바로 나는 일본기획사와 계약서를 썼다. 드디어, 일본방송도전의 문 앞에 서게 된 것이다. 그 도전에 어떤 어려움이 도사리고 있는지도 모른 채, 신인으로 열심히 하겠다며 그렇게 무식하게 "도전"을 외친 것이다.

한국방송을 아예 접고 일본만 활동하는 것이 아니라, 그야말로 양다리를 걸치고 한국방송과 일본방송을 병행하는 것이었다.

어떤 때는 일주일에 비행기를 여섯 번 탄 적도 있었다. 월요일은 한국, 화요일은 일본, 다시 한국 또 일본으로… 어떤 때는 눈을 떴을 때, '여기는 어디지? 한국인가? 일본인가?' 하며, 시간과 장소가 얼른 떠오르지 않을 정도로 분주하게 정신 없이 살아갔다. 사실 일본활동을 하는 것에 대해 가족과 한국 매니저의 반대도 상당히 있었다. 어린 나이도 아니고, 가정도 있고, 한국 일도 바쁜데… 굳이 일본까지 가야 하냐고 말렸지만, 무언가에 꽂혀서 불도저처럼 뚫고 나가는 나를 어느 누구도 막을 수 없었다. 내 인생은 언제나 새로운 도전에 목이 잔뜩 말라있었다고 해도 과언이 아니었다. 그것은 어떤 무엇으로도 채울 수 없는 '밑 빠진 독' 같은 것이었다.

이렇게 조혜련의 이중 현실이 시작되었다. 한국과 일본의 삶은 달라도 많이 달랐다. 한국에서는 베테랑 스타의 삶이었지만, 일본에서는 배고픈 신인의 삶이었다.

그 당시 한국에서는 들어오는 스케줄이 많아서 오히려 일을 다 감당할 수 없을 정도였지만, 일본의 상황은 전혀 달랐다. 비행기를 타고 하네다 공항에 내리는 순간부터 내 현실은 180도 완전히 바뀌었다. 한국에서는 담당매니저가 집에서부터 차로 태워주지만, 일본에서는 혼자 무거운 짐을 들고, 대중교통인 지하철을 두 번, 세 번 갈아 타고 이동해야 했다. 방송 일은 갓 시작했기에, 직접 방송국에 인사를 드리러 가서 잡아와야 했다. 어떤 때는 후지텔레비젼 로비에서 크게 노래를 부르며 오디션을 본 적이 있었다. 작게 부르면 매니저에게 혼나니까 아주 크게 자신감 있게 불러야 했다. 결국은 그 방송에서는 떨어졌지만 말이다.

처음에 일본에 가서 살았던 집은 두 평 넓이의 방 한 칸 이었다. 좁은 것도 좁은 것이지만, 지쳐서 혼자 방으로 돌아오면 그렇게 외로웠었다. 한편으로는 '내가 뭘 위해서 이렇게 사서 고생을 하는 거지? 그만둘까?' 라는 생각이 들기도 했다.

시간이 지나도 내 일본어가 매니저의 기대만큼 잘 늘지 않자 나는 이사를 가야 했다. 일본인들과 생활을 하면서 계속 일본어를 써야 몸에 익힐 수 있다라는 취지로, 매니저는 나를 공동주택 같은 곳으로 거처를 옮기게 했다. 화장실과 부엌, 거실을 함께 쓰고 침실만이 자신의 공간으로 사는 공동 생활을 하게 되었다. 나는 402호였고 내 옆방은 '유키코'와 '다카코'라는 친구들 방이 있었다. 나는 그 친구들과 일본어로 대화 하기 위해 김치전과 비빔밥을 만들어주었고, 그 친구들은 내가 일본말을 잘 할 수 있게 도와주었다. 또, 일본 방송 대본도 같이 검토해주기도 했다.

일본에서 신인이 방송 하나를 잡는다는 건 쉽지 않았다. '다카코'랑 '유키코'랑 살면서 나는 일본 친구들이 참기름으로 구운 한국의 고소한 김을 좋아한다는 것을 알았다. 그래서, 일본에 갈 때는 일부러 한국에서부터 김을 많이 들고 가서, 인사를 할 때 선물로 나누어 주었다. 그 김은 상당히 효과가 있었다.

김의 효과라고나 할까 아니면, 우리들의 노력의 결과라고나 할까 일본에서 첫 방송으로 퀴즈 프로그램이 잡혔다. 첫 스케줄! 우와 드디어 내가 일본 방송에 진출을 하는 것이다.

녹화 들어가기 전에 정말 많이 떨려서 심장이 밖으로 나올 정도였다. 이 상태로는 도저히 안될 거 같아서 화장실로 급하게 들어갔다. 그리고 거울을 보며 거울 속 나랑 대화를 나누어 보았다.

'너 왜 이렇게 떠니?'

'잘하고 싶어서…'

'잘 생각해봐! 잘하고 싶은 마음에 두려워서 떨면 결국은 잘 못하게 되는 거야! 그러니 잘하려고 하지 말고, 있는 그대로 편하게 해'

그 때의 경험은 나에게 참 많은 위로가 되었고, 나중에 방송을 함께 하는 후배들에게 조언해줄 수 있었다.

다시 첫 일본 쇼 예능 순간으로 돌아가보면 그렇게 화장실에서 다짐을 하고 녹화에 임했지만 사실 많이 당황했다. 출연자들이 쓰는 일본어가 거의 안 들리는 거였다. 세상에 그렇게 열심히 공부해왔던 일본어가 하나도 들리지 않다니… 이유인즉슨 바로 출연자들이 쓰는 일본 사투리 때문이었다. 한국에서는 경험이 많은 중견 급에 속하는 내가 잘 알아듣지 못해 애드립 한마디 던지지 못했다. 방송 내내 내 발가락은 긴장한 탓으로 잔뜩 오므라져 있는 상태로 펴질지를 몰랐다. 3시간 녹화 중에 두 마디 한 것 같다. 첫 녹화가 끝나고 나는 사무실로 돌아와서 왜 그렇게 밖에 할 수 없었는지에 대해 반성회를 가졌다. 그 이후 그 반성회는 일본활동을 완전히 그만둘 때까지 계속 되었다.

그렇게 어렵게 어렵게 일본방송 하나 잡기가 하늘에 별 따기이고, 출연했다가도 말 한마디 제대로 하지 못하고 울면서 반성회를 반복하던 때였다. 나에게도 드디어 기회가 왔다.

'산데쟈퐁'이라는 TBS시사오락프로그램에서 게스트 섭외가 온 거다. 매니저가 오랫동안 담당피디에게 부탁을 했었고 결국 한 번 게스트로 나가게 되었다. 프로그램은 시사적인 이야기를 쇼 예능처럼 전체적으로 다루기 때문에 뉴스내용을 다 알고 그 위에 애드립을 쳐가면서 프로그램을 이끌어 나가야 하는 프로이다. 박쇼몬다이(폭소문제-일본에서는 아주 유명한 콤비로 구성된 개그맨)가 MC를 하는 인기 프로그램이었다. 나는 한국을 대표해서 나가는 컨셉으로 한복을 입고 출연을 하기로 했고, 그 방송을 나가기 위해서 2주동안은 일본 시사프로그램을 정말 많이 보면서 연구했다.

드디어 녹화 날, 떨지 않으리라 담대히 마음먹었지만 생방송이고 내용도 뉴스시사적인 거라서 더 긴장되었다. 음주운전이라는 주제로 이야기를 하게 되었는데 다들 말이 얼마나 빠른지 생각하고 있으면 다음 주제로 넘어가버리는 거다.

'윽! 왜이리 말이 빨라. 어쩌지?'

이런 생각을 하고 있는 순간, MC가 나에게 물었다.

"한국에서는 음주운전을 하면 어떻게 되죠?"

그래서 나는 연습한 대본의 내용대로 이야기를 했다.

"한국도 다른 곳과 마찬가지로 음주운전을 하면 엄중한 처벌을 받게 됩니다."라고 말했다. 그랬더니 갑자기 애드립으로 나에게 이렇게 물었다.

"음주 운전을 반복해서 걸리면 어떻게 되죠?"

대본에 없는 질문이었다. 그렇다고 생방송 중에 대본에 없는 내용이라 '대답못해요!' 라고 말할 수는 없었다. 그래서 내 머리 속에 있는 단어와 표현들을 총동원해서 말했다.

"그러면 거지가 되겠죠!"

그런데 이게 왠일인가? 내가'그러면 거지가 된다'는 말을 하자마자 스튜디오는 난리가 났다. 출연자 모두가 당황하며 "다메(안돼)!" "혜련 다메이와나이데네(말하지마)"를 연발했다.

알고 보니 일본에서는 '거지-고지끼'라는 말이 방송언어로 부적합했다. 사람차별언어라고 해서 말이다. 그러니까 방송에서 심한 욕을 있는 그대로 해버리는 것과 같은 거라고 할까? 나는 무엇을 하지 말라는 건지 몰라서 다시 한번 확인 차 물었다.

"고지끼와다메데스까?"(거지라고 하면 안 되요?)라고 천진난만하게 물었다. 그렇게 해서 나는 그 프로그램 고정 패널이 되었다. 그리고 3년을 매주 일요일은 일본에서 생방송을 했다. '산데쟈폰-선데이재팬'은 '혜련'이라는 이름을 일본에 알리는데 아주 큰 역할을 한 프로였다. 전철을 타거나 길을 가더라도 나를 알아보았다. 그것도 얼굴로 알아본 게 아니라 말을 하면 목소리가 너무도 저음이니까 돌아보면서

"어! 어디서 들어본 적 있는데… 앗! 혜련~ 산데쟈폰!" 하며 반가워해 주었다.

이 괴로움은 언제 끝나지?

내 일본 매니저는 나를 일본에서 성공 시키기 위해 스파르타 식으로 나를 훈련시켰다. 마흔 살이 다 되어가는 나를 마치 10대 연습생 가르치듯이 말이다. 매니저에게 혼난 사건이 수 만개가 있지만 몇 개만 내어 보인다면 이렇다.

한국과 일본은 얼핏 보면 같은 동양 문화권에 거리도 상당히 가까워서 문화가 비슷할 것 같으나 너무도 다른 점이 많다라는 것을 그 속에 들어가 살면서 뼈 저리게 느끼게 되었다.

일단 나의 성격이나 말투는 직선적이고 급했다. 그러니 일본사람 스타일과는 많이 차이가 있는 성격이었다. 처음 다름을 느낀 사건(?)은 일본 라면 집에서였다. 일본라면은 '돈 코츠'라고 해서

돼지고기국물을 우려내어서 생면으로 만들어서 처음 먹을 때 조금 내입에는 짰다. 같이 먹으러 간 매니저가

"맛이 어때?"라고 해서

"짜요!"라고 말했는데, 그녀는 라면을 먹다가 갑자기 화장실로 가자고 했다. 나는 속으로 '갑자기 라면 먹다가 왜 화장실을 가지?' 하면서 따라 나섰다. 화장실 문이 닫히고 항상 나에게 미소로 대했던 그녀는 아주 험상궂은 표정을 지으며 나에게 이렇게 말했다.

"혜련! 짜다고 이야기하면 어떻게 해? 라면을 만든 사람이 그 앞에 있었잖아! 일본에서는 그렇게 네가 생각하는 것을 바로 말하면 오해 받기 쉬워! 나가서 다시 말해 아니면 한국으로 돌아가든지!!"하고 문을 닫고 나가버렸다. 혼자 남은 나는 적잖이 놀랐다. 그렇게 나에게 친절했던 그녀의 완전 냉정한 그 모습도 충격이었지만,'아니 짠 걸 짜다고 이야기한 것이 뭐가 잘못되었다고 그게 그렇게 큰 일이란 말인가?' 한 편으로는 억울하기도 하고 황당하기도 해서 혼자 남겨진 나는 눈물이 핑 돌았다.

다시 화장실에서 나왔고 그녀는 웃으며 나에게 똑같이 물었다. 맛이 어떠냐고… 그래서 나는 "정말 맛있어요!"라고 하얀 거짓말을 했다.

한 번은 산데쟈폰에서 600회 특집으로 고정출연자들 부모님을 출연시켰는데 그 때 한국에서 울 엄마도 오시게 되었다. 엄마

는 딸을 위해 처음 동경이라는 곳을 와보는 거였다. 엄마가 일본 공항에 도착했다는 전화를 받고 나가려고 하자 매니저는 나를 못 나가게 했다. 그 이유가 생방송 전 날, 엄마를 만나 한국말을 하게 되면 생방송 중에 말하는 것에 방해 된다는 거였다. 그래서 나는 일본에 도착한 엄마와 생이별을 하고 하루를 지냈다. 한국말을 하면 안되기에, 그 다음날 생방송 전까지 엄마를 만나지 못했다. 방송 때 일본 땅에서 엄마를 팬을 만나듯이 만났고, 같이 생방송에 나란히 한복을 입고 나가게 되었다. 모든 진행이 일본어로 되기에 엄마는 전혀 알아듣지 못할 텐데, 출연자들이 웃을 때는 엄마가 따라 웃었다. 나는 너무도 신기해서 귓속말로 엄마에게 물었다.

'엄마 알아들어?'

"알아듣긴 개뿔 뭘 알아 듣노! 한 개도 못 알아묵재"

"근데 왜 웃어?"

엄마는 그런 질문을 하는 내가 어리석다는 듯 쳐다보며 말했다.

"그라믄 카메라가 앞에 있는데 웃지, 우나? 프로 아이가"

그 날밤 엄마와 나는 오랜만에 같은 방에 같이 누울 수 있었다.

"엄마 힘들었지?"

"뭐~~니가 더 힘들지. 내가 뭐 힘드노!"

방이 좁아서 둘이 돌아 눕는 것도 불편할 정도였다. 내가 이렇게 먼 곳까지 와서 이렇게 사는 것에 대해 안타까웠는지 엄마는 또 툭 하고 한 마디 뱉어내었다.

“가순아. 뭐 할라꼬 쌩고생을 사서 하노! 그냥 한국에서 방송하고 편안히 묵고 살지!”

그 말을 듣는데 눈물이 확 쏟아지려고 했다. 나도 안다. 나도 그러고 싶었다. 때로는 일본 진출을 한 것을 철저히 후회하며 모든 것을 던지고 도망가버리고 싶기도 했다. 그런데 엄마가 그 정곡을 찔러버리니까 옛날의 삐딱한 청개구리 버릇이 또 나오려고 했다.

“그냥 확 그만 둬 버릴까?”

잠시 침묵이 흐른 뒤에 엄마 입에서 나온 말을 듣고 놀랐다.

“그만 두지 마라. 여기까지 온 게 어디 쉽나? 끝까지 잘릴 때까지 해라!“

아들을 나을 때까지 칠전팔기로 아이를 낳았던 근성, 끈기가 바로 우리 엄마의 인생이고, 엄마의 가치관이 되어 버린 것이다. 그 엄마의 말을 듣고 나는 그만두지 않고 계속하기로 마음먹었다.

일본 활동을 시작하면서 잦은 비행과 무리한 스케줄로 인해, 내 몸은 점점 지쳐갔고, 건강에도 무리가 가고 있었다. 그리고, 끝내 허리 디스크가 터지고 말았다. 도저히 걸을 수도 없어서 비행기를 탈 수도 없었다. 일본 매니저에게 전화를 걸어 수술을 해야 할 정도로 심각해서 도저히 갈 수가 없다고 하자, 허리를 쫑쫑 묶어서라도 와야 한다고 했다. 복띠를 두르고 비행기의자에 앞쪽 손잡이를 잡고 최대한 움직이지 않도록 조심조심하며 일본에 가서 방송을 한 적이 있다. 나의 노력들이 조금씩 빛을 받기 시작했다. 제법 유명한 프로그램에서 한국 코메디언이 캐릭터가 재미있다고 하면서 섭외를 해오기 시작했다.

우리나라의 복면가왕 같은 프로그램이 있었는데, 일년에 한 번 특집으로 대대적으로 하는 프로였다. 매니저는 그것을 위해 나를 두 달 동안 가라오케에서 노래연습을 시켰다. 캐스팅이 된 것이 아니라 오디션을 보기 위해, 수십 곡을 번갈아 가며 혼자 연습했다. 열심히 하다가 갑자기 확 기분이 바닥으로 내려갈 때는 하염없이 떨어져 내려갔다.

내가 부르고 싶어서 간 것이 아니라 오디션을 위해 마흔의 나이도 훌쩍 넘은 내가, 한국에 그 어린 아이들을 내팽겨쳐 놓고, 지금 이 작은 가라오케 방에서 뭐하고 있나 싶을 때는 눈물이 앞을 가렸다. 그냥 확 그만 둬 버릴까라는 생각도 들었다. 그런데 이상하게도 나를 그만두지 못하는 강한 에너지가 내 속에 존재했다.

'너 지금 그만두면 낙오자야, 실패자야! 사람들이 그러겠지?… 혜련인가 뭔가가 잠깐 깔짝대다가 못 버티고 돌아갔잖아! 여기가 그렇게 만만한 데가 아닌데 어딜 들이대?'

그런 생각을 하자 내 자존심이 무너지는 것 같아 견딜 수 없었다. 그래서 다시 가라오케 마이크를 잡았다. 그리고 노래를 이어 불렀다. 슬픈 노래가 아닌데도 내 눈에는 눈물이 그칠 줄을 몰랐다. 일본 노래를 하다가 힘이 들면 내 노래 '아나까나'를 미친 듯이 춤추며 부른 적도 있었다.

그렇게 열심히 연습한 노래로 드디어 오디션을 보게 되었다. 일본 가수의 특징을 따라 하며 표정을 살려서 피디 앞에서 보여주었고, 결국 출연 약속을 받아내었을 때 나는 소리를 질렀다. 마치 처음 개그맨 시험에 붙었을 때처럼!

그 후 여러 프로그램에서 나를 찾았다. 너무도 기쁘고 신나는 일이었지만 여러가지 문제가 발생했다. 먼저 한국에서 하는 프로그램들하고 스케줄이 꼬이는 거였다. 한국도 방송을 고정적으로 하고 있었기에 아무리 일본에서 좋은 프로 섭외가 들어오더라도 그 시간은 도저히 뺄 수 없었지만 어떻게 안되겠냐며 부탁을 할 때는 가운데에 있는 나는 머리가 터질 것만 같았다.

허리는 점점 아파져 와서 디스크 수술을 해야 했다. 수술 후 또 허리를 동여 매고 비행기를 타러 공항으로 향하기도 했다.

집에 가끔 돌아가게 되면 가족들은 언제나 내 사랑에 목말라했다. 아 정말 나도 어쩔 수 없는 상황으로 치닫고 있었다.

일본에서 일요일 새벽2시 조금 있다가 생방송으로 해야 하는 '산데쟈폰' 프로그램 대본이 외워지지 않아서 혼자서 일본 집에서 공부를 하고 있는데 국제전화로 전화가 걸려왔다. 새벽2시에… 한국하고 일본이 시차도 없으니 한국도 새벽2시인데 '이 시간에 왠 전화?' 라고 생각하며 전화를 받았다.

“여보세요?’

“엄마~~~”

여덟 살 된 딸 윤아였다. 힘없는 목소리였다.

“어 그래. 윤아야 왜 그래?”

“엄마 나 너무 열이 나고 아파~ 열이 40도래”

“그래? 그럼 할머니한테 해열제 달라고 해서 먹고 자”

그 때 윤아는 나에게 단호하게 말했다.

“아니! 엄마가 찬 수건으로 내 몸 좀 닦아줘. 엄마가 와서 해줘”

“엄마 지금 일본이야!”

윤아가 갑자기 소리쳤다.

“알아! 근데 엄마! 나는 엄마가 필요한데, 엄마는 항상 내 옆에 없어. 엄마 일본 그만두면 안돼? 일본이 나보다 더 중요해? 엄마 제발~~”하면서 큰소리로 꺼이꺼이 울기 시작했다.

“너 왜 이렇게 엄마한테 생떼를 써! 엄마도 얼마나 힘든 줄 알아? 엄마가 어떻게 지금 가! 그리고 울지마 울면 더 열나, 엄마 말 들어 윤아야!”

저쪽은 울음이 그칠 줄을 몰랐다. 그러면서 윤아는 자기의 할 말을 이어갔다.

“엄~마는… (훌쩍)… 엄마가… 아니라 그냥… 흑… 연예인같아… 앙~~~”

나는 전화를 끊었다. 계속 울고 있는 소리를 듣고 있을 여유도 없었지만 마음이 너무 아팠기 때문이었다.

'왜 나 자신을 가만 두지 못하는가? 왜 마음을 내려놓고 행복하게 살지 못하는가? 나는 왜!!!!'

작은 다다미방 402호에서 얼굴을 파묻고 많이 많이 울었다. 다 울고 또 대본을 보긴 했지만!

7년동안 일본에서 활동하면서 내 이름을 많이 알리기도 했지만 내 생애 가장 많은 안티팬을 만들기도 했다. 쇼 프로그램에 나가서 내가 하는 발언이나 행동들이 질타의 대상이 되었고 또 오해를 불러일으키기도 했다.

어느 날은 요리프로에 출연한 적이 있다. '아이노 에이프런(사랑의 앞치마)'라는 프로였는데 요리대결을 하는 거였다. 원래도 요리를 잘 못했지만 그 날 따라 요리대결이 스파게티였다. 스파게티는 이탈리안 레스토랑에서 사먹을 줄만 알았지 만든 적은 별로 없었다. 그도 그럴 것이 개그맨이 되기 전에는 열 명이 북적북적대고 사는 집이었고, 개그맨이 되어서는 요리를 할 여유가 거의 없었다. 요리 대결은 시작되었고 내가 한 요리를 먹은 사회자가 인상을 찌푸리며 내게 물었다.

"혜련, 왜 이렇게 맛이 없어요?"

"저는 한국 사람이라서 스파게티는 잘 못 만듭니다."라고 답했다. 그 방송이 나가고 한국 인터넷에 글이 올라오기 시작했다.

'나는 한국사람인데 스파게티를 제일 잘 만든다. 그런데 조혜련은 왜 일본에 가서 한국사람은 마치 스파게티를 못 만드는 것처럼 이야기를 하지?'

생각해보면 맞다. 정확하게는 내가 그 때 애드립으로 이렇게 말해야 했다.

'한국사람 중에서 저는 스파게티를 못 만드는 사람에 속해요!'

그토록 예민한 일들이 일어날 줄은 꿈에도 모르고 일본 방송에 도전한 거다.

한 번은 '링컨'이라는 쇼 예능프로그램에 나가게 되었는데, 그 프로는 일본에서 상당히 유명한 인기프로라서 출연하는 것이 꿈이었다. 내가 나가는 그 회는 운동회 특집으로 진행되었다. 오프닝에서 그 운동회를 축하하기 위해서 여자 가수가 리프트를 타고 올라가며 노래를 부르자 다같이 박수를 쳤다. 나는 맨 앞줄에 섰는데 그 방송이 나가고 나서 한국은 발칵 뒤집혔다. 그 여자 가수가 부른 노래가 바로 '기미가요'였기 때문이다. 그 노래는 일본의 국가이다. 천황의 통치시대가 영원하기를 염원하는 내용이다. 그러나 이 노래는 우리 대한 민국에는 아픈 노래였다. 일제 강점기 때 조선 총독부는 일본 정신이 가장 잘 드러나는 이 노래를 조선인의 황민화 정책을 위해 하루에 1번 이상 부르게 하며 아픔을 주었던 것이다.

정말 그 노래가 기미가요인지 몰랐고 또 그 가수가 그 노래를 오프닝으로 부르는지 모르고 나가서 박수를 친 나는 그 방송이 나간 후에 소위 엄청난 후 폭풍을 맞았다.

조혜련 친일파 아니냐, 일본 불교를 믿는다고 하는데 무슨 관련이 있는 거냐 등등 일파만파로 퍼져나갔다.

너무도 후회되고 반성되는 것은 나는 일본에서 쇼 예능프로로 진출하기 전에 역사와 문화 여러 가지를 공부하고 더욱 신중했어야 했다. 그렇지 못한 성급한 나의 불 같은 도전은 나에게 많은 아픔을 주게 되었다.

내가 7년동안 일본어를 배워가며 도전한 노력은 물거품이 되고 결국 나는 그 속에서 일본도전이라는 날개를 접게 되었다.

그렇게 강했던 내가 일본 활동으로 날개가 꺾였다.

태어날 때 아들이 아니라고 낳자마자 엎어놓았어도 고개를 옆으로 돌려 살았고, 시장에서 쑥갓을 팔 때 단속반에 쫓겨 다녀도 당당했고, 가순아가 쓸데 없이 대학 갔다고 빗자루로 맞았을 때도 괜찮았던 내가, 우울증에 걸려서 죽고 싶다는 생각까지 하게 되었다. 이런 증상은 일본을 향하는 비행기 속에서 '그냥 확 뛰어 내려버릴까? 오늘로 내 인생이 마무리 된다면 고통받지 않을 텐데!'라는 생각까지 하게 만들었다.

'아~이 괴로움은 언제 끝나지?'

남들도 좋다카니까 함 믿어봐라!

부모님이 경상도 고성에서 일곱 명의 딸을 데리고, 경기도 산본으로 이사 오게 되었을 때, 아버지의 누나인 고모는 우리 가족에게 믿으면 좋은 종교가 있다면서 믿으라고 했다.

"일본에서 건너온 불교라는데… 절에 다니는 것이 아니라… 집에서 수행을 하는 거라카드라!… 뭐 이 종교가 남들도 좋다고 하니까 함 믿어봐라!"

열심히 하게 되면 스스로가 자기 속에 있는 부처의 불성을 끄집어 내는 고등불교라는 거였다.

고모는 우리 가족에게 이렇게 일본 불교를 권유했다. 그러나, 정작 본인은 믿지 않으셨다.

부유하게 잘 사는 딸이 하라고 하니, 할머니는 우리 모두에게 같이 할 것을 강요했다. 고모가 산본에 구입한 땅에서 농사를 지으며 소작농으로 살아야 하는 우리 가족은 할머니의 명령에 복종하며 이 종교를 믿어야 했다.

나는 어렸을 때, 쭈그리고 앉아서 똑같은 말을 반복하는 것도 싫고, 강제적으로 종교를 가지는 것이 탐탁지 않아서 열심히 하지 않았다.

제일 큰 언니는 그 교리를 공부해가면서 집에서 제일 열심히 그 종교를 믿었었다.

내가 개그맨 시험에 낙방하고 어떻게 할 지 몰라서 헤매고 있을 때, 큰 언니는 나에게 열심히 그 종교에 대해 설명을 해주며 같이 하기를 권유했다. 내가 열심히 하면 용돈을 매일 주는 것까지 조건을 걸어가면서 말이다.

지푸라기라도 잡아야 했기에 나는 이왕 하는 거 정성을 다해 도전하고 꼭 개그맨이 되기로 마음먹었다.

그 종교에서 하는 행위 중 하나는 한 구절을 반복해서 말하는 것이다. 이것을 '기원'이라고 하고, 기원을 하기 위해 찾는 장소를 '회관'이라고 부른다.

나는 매일 도시락을 싸 들고 회관에 가서 기원하는 것을 하루 열 시간씩 백일간 도전했다. 그것을 '백만편' 도전이라고 부른다.

하루 열 시간 동안 회관에 앉아서 기원을 하고 있자면, 다리에

쥐가 나서 다리 사이에 방석을 두 개씩 끼워 넣고 참아내야 했다.

한 번은 회관에서 기원을 하는 데, 내가 잠시 화장실을 다녀 온 사이에 내 방석을 옆의 할머니가 가지고 가서 앉고 계셨다. 조금 있다가 그 할머니가 화장실을 가려고 자리를 뜨시면, 내가 다시 방석을 가져다가 앉았다. 이렇게, 방석 뺏고 뺏기기를 반복하면서, 하루 열 시간을 버틴 적도 있었다. 그렇게 나는 매일 그 날 그 날 해야 할 분량을 달성했다.

100일간의 기원을 달성하고 얼마 지나지 않아서 나는 개그맨이 되었다. 나는 내가 개그맨이 된 것이 100일 기원을 달성한 나의 기원 덕분이라고 생각했다. 그래서, 그 땐 그 종교를 더욱 열심히 했던 것 같다.

그렇게 종교 활동을 열심히 하게 된 나는 한국에서 그 종교의 대표적인 연예인이 되었다. 그 후, 이 종교의 체험담을 하러 전국을 다니기 시작했다.

얼마나 열심히 했는지 어떤 날은 약속된 체험담 시간을 지키기 위해, 방송 녹화가 끝난 후 방송국에서 바로 퀵서비스 오토바이를 타고 공항으로 간 뒤, 비행기로 부산을 가서 집회에 참석해 나의 종교 체험담을 발표하기도 했다.

일본에서 방송활동을 할 때에도 타국에서 외롭고 힘들 때면 도쿄에 있는 회관을 찾아서 마음을 다스리며 그 곳에서 그 종교를 믿는 일본 연예인들과 교류를 하며 위로를 삼기도 했다. 일본 연예인이나 스포츠인, 정치인들은 다수 그 종교를 믿었고 한 달에 한 번 대 집회를 할 때는 다같이 모여서 그 종교를 이끄는 회장의 스피치를 들으며 그 분을 존경하며 그 마음을 담아내려고 애썼다.

그 종교를 이끄는 회장의 생일이 되면, 일본 도쿄 중심가의 회관에 수 천명의 사람들이 모였고, 그 회장에게 생일선물을 전달하기 위해 끝이 보이지 않을 만큼 긴 줄을 섰다. 나도 최고급 과일을 사서 그 대열에 합류해 줄을 서서 기다리기도 했다. 나를 비롯해 그 곳에 줄을 선 사람들은 멀리서나마 그 회장의 얼굴을 보겠다는 일념으로 긴 기다림도 지루해 하지 않았다.

어릴 적 고모의 권유로 알게 되었고, 큰 언니의 권유를 계기로 열심히 믿게 된 일본 불교는 이렇게 나의 인생의 일부분으로 긴 시간을 차지하게 되었다.

하지만 내 나이 마흔 살이 넘어 정신적으로 힘들어지고 우울해지는 시기가 찾아왔을 때, 나를 지탱해 주고 붙잡아 줄 수 있는 것은 아무것도 없었다. 그리고, 그 시기에 자연스레 종교에 대한 나의 믿음도 서서히 약하여지고 식어져 갔다. 이전 종교활동을 그만두고 나서는, 소위 사람들이 좋아하고 따르는 인물이 있으면 관심을 가졌다. 그리고, 난 또 다른 진리를 갈구하며, 이곳 저곳을 찾아 헤맨 것 같다.

'이 세상 어딘가엔 내가 찾는 진리가 있을 거야!'

나한테 이 딴걸 읽으라고?

일본 방송을 하면서 나는 심한 우울증에 빠지게 되었고, 급기야 죽고 싶다는 생각까지 할 정도로 심리상태는 바닥까지 내려가 있었다.

이런 나의 상태를 알고 있는 친한 여동생이 나에게 책 한 권을 건넸다.

"언니, 이거 선물이야. 꼭 읽어봐!"

'시크릿(The Secret)'이라는 책이었다.

친한 동생은 나를 걱정하는 마음으로 내가 자기개발서도 읽으면, 좀 나아지지 않을까 해서 이 책을 선물한 것이었다.

그 전까지는 한국과 일본을 오가며 방송을 하느라 바빠서 독서를 할 엄두를 못 냈었는데, 친한 동생이 권하는 것이니 한번 읽어 보자 하고 짬을 내서 받은 책을 읽기 시작했다.

'시크릿'은 론다번 이라는 호주의 TV프로듀서가 쓴 책인데, 작가가 오래 전부터 성공한 사람들의 공통점을 연구하여 발견한 비밀을 담은 내용이었다.

별 기대하지 않고 읽은 책에서 예상치 못한 재미와 감동을 느꼈다. 선물 해 준 친한 동생에게 책을 감명 깊게 잘 보았다고 하자, 그 동생은 곧바로 내게 또 몇 권의 책을 더 선물해 주었다.

나폴레온힐의 '나의 꿈, 나의 인생', 앤디앤드루스가 쓴 '폰더씨의 위대한 하루' 였다.

받은 즉시 단숨에 읽어 낸 이 책들에서도 역시 감명을 받게 되었고, 무엇보다 책을 읽어 가면서 긍정의 에너지를 조금씩 얻는 것 같았다.

독서에 맛을 들이게 된 나는 서점에 가서 자기개발서 위주의 책들을 닥치는 대로 샀다. 그리고는 거의 하루에 한 권의 책을 읽었다.

이지성의 '꿈꾸는 다락방' 등 60여권의 책을 거의 두 달 만에 읽어 내었다.

지푸라기라도 잡는 심정으로, 살고자 하는 마음으로 그렇게 책을 의지하며 독서에 빠졌던 것 같다.

그렇게 친한 동생의 선물과 권유로 시작된 독서는 내게 새로운 활력소를 주었고, 우울했던 심리 상태도 조금씩 회복이 되어 갔다. 독서에 습관을 들인 나는 그 이후로도 틈틈이 좋은 책들을 읽어 나갔다.

이 때 읽었던 책 중에서 데이비드 호킨스 박사가 쓴 '의식혁명(Power vs. Force)'이라는 책이 있다. 이 책은 예전에 읽었던 책들보단 수준이 높은 편이어서, 나는 이해가 될 때까지 수십 번을 읽었다. 이 즈음, 한 예능 프로그램에 출연해서 이 책과 관련한 내용을 짧게 강의를 했을 정도였다.

'의식혁명'에서 호킨스 박사는 20년 동안 '근육측정법'으로 수백만 건의 테스트를 거쳐 인간의 몸이 생명을 지지하는 것에는 긍정적으로 반응하고, 그렇지 않은 것에는 부정적으로 반응한다는 걸 밝히고 있다. 인간의 의식수준을 1부터 1,000까지로 정했을 때, 부정적인 의식은 수치가 낮고, 긍정적인 것은 수치가 높다는 것이다.

예를 들어, 수치심은 20, 증오는 50이지만, 기쁨은 570, 평화는 600으로 측정되어 있었다. '성경'은 수치가 무려 880으로 매우 높았는데도, 이 때 난 별 관심을 갖지 않았다. 수치를 매길 수 없는 무한대로서 측정이 불가하다고 밝힌 대상도 있었는데, 그건 바로 '조물주'였다. 수십 번 이 책을 반복해서 읽었건만, 매번 나는

'성경'과 '조물주'라는 단어를 그냥 스쳐 지나쳤다.

애써 외면하고 싶었다. 나와는 아무런 상관이 없는 단어들… 아니 내가 너무 싫어하는 단어들이었기에…

방송을 하며 친해진 배우 김원희가 어느 일요일에 내게 전화를 걸어 왔다.

"언니… 내가 언니 집 근처 교회에 다니는데, 혹시 시간되면 잠깐 들를 수 있어?"

나를 교회로 끌어들이려는 것 아닌가 하는 불안한 생각에 거부감도 들었고, 귀찮기도 했지만 집에서 가깝다고 하니 거절을 못하고 하는 수 없이 가겠다고 했다.

트레이닝복에 슬리퍼를 신고 거기에다 집에서 기르는 강아지까지 안고 집을 나선 나는 차를 몰고 교회로 향했다. 주차장에 들어서자 입구에서 원희가 나를 기다리고 있었고, 나를 보자 너무도 반가운 표정을 지었다. 같은 교회를 다니고 있던 표인봉 오빠도 함께 나와 나를 친절하게 반겨주었다.

차에서 내린 나에게 원희가 미소를 지으며 무엇인가를 건네 주는 것이 아닌가!

"언니, 이거 선물이야. 꼭 읽어봐!"

그건 바로 성경책이었다. 난생 처음 받아보는 성경책 선물이었다. 아마도 처음 만져보는 성경책이었던 것 같다.

그 땐 예수를 믿기 전이었는데도, 원희가 내게 성경책을 건네준 순간은 매우 인상 깊게 내 뇌리에 남는다.

“어… 고마워” 말은 이렇게 했지만, 내 속마음은 별로 고맙지 않았다.

원희에게는 미안하지만, 난 그 날 받은 성경책을 열어보지도 않았다. 집에 돌아와서는 책장 구석에 던져 놓으며 이렇게 궁시렁댔다.

“아니 읽을 책들이 얼마나 많은데… 나한테 이 딴걸 읽으라고?…”

45세, 예수님을 영접하다

널 위해 매일 기도했어!

우리 아이들이 아주 어렸을 때, 나는 이성미 언니와 가까운 곳에 살았다. 그래서 다른 연예인들보다 그 언니랑 개인적으로 아주 친하게 지내었다.

언니는 사람들과 잘 어울리는 사람, 사람들의 이야기를 잘 들어주는 사람으로 참 편한 존재였다. 그래서 우리는 자주 밥을 먹고 대화를 나누었다. 다 좋은데 그 언니와 나는 종교의 길이 달랐다. 성미 언니는 교회를 다녔고 나는 일본불교를 믿고 있었다.

성미 언니는 예수를 믿지 않는 나를 안타까와하며 교회를 같이 가자고 권유했지만 나는 누구에게도 지지 않는 황소고집으로 내 지조를 지키며 거부했다.

성미 언니는 욕쟁이언니였다. 그렇게 말끝마다 아주 맛깔스럽고 디테일한 욕들을 붙여가며 말했다.

“언니 어제 걸레 물고 잤어? 왜 그렇게 욕을 해?”

“사랑하니까 그런 거야 이 놘아! 시베리안 허스키! 이런 씨 발라먹을…”

이런 식으로 자연스럽게 뒤에 욕을 붙였다. 어릴 때부터 엄마 없이 혼자 외롭고 힘들었던 쓴 뿌리들을 그렇게 입으로라도 풀다 보니 그것이 입버릇처럼 된 게 아닌가 하는 추측이 든다.

근데 그렇게 친하게 지내던 언니가 개인적인 사정으로 모든 방송활동을 접고 아이들을 데리고 캐나다 벤쿠버로 훌쩍 떠나 가버렸다. 성미 언니가 떠날 때 내가 참 많이 울었던 것 같다. 이제 나한테 구수하게 욕해줄 언니도, 날 챙겨줄 사람도 없다고 생각하니 마음 한 켠이 너무도 허전하게 느껴졌다.

언니는 캐나다 벤쿠버로 가서 믿음 생활이 완전히 바뀌었다. 소위 뒤집어진 것이다. 매일 새벽기도는 기본이고, 성경을 읽으며 인격적으로 제대로 하나님을 만나게 되었다. 그 중에 가장 큰 변화를 이야기한다면 언니의 욕하는 입버릇이 싹 고쳐진 것이다. 사실 사람의 습관, 특히 언행습관은 진짜 안 고쳐진다. 그렇게 쓴 뿌리처럼 말 뒤에 욕을 하던 언니의 입도 하나님이 건드려서 싹 고쳤다고 한다.

어느 날 하나님의 음성이 들려 온 것이다. 그날도 언니는 여느

때와 같이 말 안 듣는 아들에게 구체적으로 시원하게 욕을 해주었다고 했다.

"너는 하여튼 엄마 말 그렇게 더럽게 안 듣다가 하늘에서 번개가 쳐서 그게 나무에 떨어져서 그 나무 밑에 있던 네가 깔려가지고 꽥~!!"

뭐 이런 내용이었다고 한다. 그 날 언니가 하나님께 기도하는데 하나님이 그렇게 이야기했다고 한다.

"딸아!"

"네. 말씀하소서!"

"네가 아들에게 하는 욕 있지?"

"네"

"그거 그대로 되게 해줄게"

"네!… 에?"

언니가 자기 아들에게 말했던 그대로 된다면…아들은 너무도 끔찍한 모습이 되지 않는가?

그 후에 언니가 그 입을 한 번에 뜯어 고쳤다고 한다.

말버릇을 고치고 한동안은 말 뒤에 욕을 안 하니까 아들이 엄마 말이 안 끝난 줄 알고 계속 기다리기도 했단다.

"학교 잘 갔다 와!"

"……"

"왜 안가고 서 있어?"

"엄마 말이 아직 안 끝났잖아요!"

"끝났어! 이제 말 끝에 욕 안 해!" 그렇게 언니는 하나님과 깊이 교제하며 새롭게 변해가고 있었다.

성미 언니가 그 곳으로 가고 4년이 지났을 때 즈음, 너무도 언니가 보고 싶어서 벤쿠버로 찾아갔었다. 그 때가 한참 일본활동을 시작하고 몸도 마음도 모두 힘들었을 때였다. 현실에서 괴로워했던 내가 답을 얻을 수는 없었겠지만, 그래도 언니에게 털어놓으면 마음이 편할 것 같았다. 그런데 오랜만에 성미 언니를 보고 나는 깜짝 놀랐다. 한국에서 봤던 욕쟁이 언니랑 달라도 너무 달랐다. 욕하는 모습은 아예 찾아볼 수도 없었고, 얼굴은 마치 매일 오일로 마사지를 해서 번들번들한 것처럼 광채가 났고, 무언지 모르게 편안해 보이는 모습이었다. 그날 밤에 언니가 나에게 이상한 고백을 했다.

"나 사실 너한테 할말이 있어. 내가 매일 새벽기도를 나가는데 네 이름을 하나님께 이야기해! 혜련이가 하나님을 만나게 해달라고" 중보기도를 하는 사람들 목록 중에 6번이 김용만, 7번이 조혜련이라고 했다. 언니의 기도는 이루어져서 김용만 오빠도 지금은 신실한 크리스천이다.

사실 누군가를 위해 한 번 중보기도를 하는 것도 쉽지 않은데, 단 하루도 빼먹지 않고 4년을, 그것도 새벽기도에 기도해 온 것은 정말 대단한 마음이다.

근데 그날 밤에 나는 성미 언니한테 편지를 썼다.

'언니 나를 위해서 기도해주는 건 고맙지만 나는 하나님을 믿지 않아. 미안한데 내 이름은 빼줘. 나는 내 종교 열심히 할 테니까!' 성미 언니는 내 부탁을 들어 주지 않았고, 그 중보기도를 멈추지 않고 계속 한 것 같다.

그 후 성미 언니는 7년 뒤에 하나님의 부탁으로 한국으로 돌아왔다. 벤쿠버가 너무 마음도 편하고 좋아서 돌아오기 싫었지만, 그 당시 연예인들 중에 스스로 목숨을 끊는 일들이 일어났고, 이런 사건들이 결국 성미 언니를 한국으로 돌아오게 했다.

성미 언니한테 나중에 들은 이야기인데, 기도 중에 하나님이 성미 언니에게 한국으로 돌아가서 외롭고 지친 연예인들을 연합시키라는 마음을 주셨단다. 근데 언니는 돌아가기 싫어서 며칠을 기도하며 버텼는데 하나님이 그러시더란다.

"좋다. 그럼 너는 여기 있어라. 나는 간다!"

"네!… 에?"

하나님의 그 마음을 듣고 언니는 느헤미야가 예루살렘에 와서 성벽을 재건하는 마음으로 짐을 싸서 한국으로 돌아와 '연예인연합예배'를 기도하며 만들었다. 처음에 열 명으로 시작한 연예인연합예배가 지금은 250명 정도가 되었고, 한 달에 한 번씩 다 함께 모여 예배를 드리는 모임이 되었다.

언니가 한국에 돌아올 때 즈음, 나는 개인적으로 너무 힘든 상황이었다. 내가 믿던 종교생활도 그만두게 되었고, 일도 하기 싫어졌고, 삶의 아무런 의욕이 없어진 우울증과 무기력증에 빠져 있었다. 앞만 보고 달리던 말이 갈 방향을 잃고 멈춰버린 것 같은 느낌이랄까? 그런 마음이 들게 된 가장 큰 원인은 아무래도 일본 활동 속에서 느낀 자괴감과 두려움 등이 컸던 것 같다.

하지만 '인생은 무엇일까? 어떻게 사는 것이 맞는 것일까?' 를 늘 고민했던 것 같다. 그 전의 종교 활동도 그만 두고, 나는 그 후에 자기개발 관련 서적을 미친 듯이 닥치는 대로 읽었다. 살고 싶어서…

어느 날은 TV에서 토크프로그램을 보고 있는데, 어느 한 스님이 나오셔서 시원하게 즉석에서 답해주는 것이 마음에 들어서, 한동안 그 분의 강연을 따라 다닌 적도 있었다. '바람의 딸 한비야' 언니의 책을 보고 너무 멋있어서 그 분을 따라 살기로도 마음먹은 적도 있었다. 철학 책들을 파며 노자, 공자, 소크라테스의 책도 읽었다. 그리고 자기개발서로 '미래일기'라는 책과 '열렬하다 내 인생'이라는 책을 내고 자기개발 강연자로 바쁘게 활동도 했다. 그러나 나의 헛헛한 마음은 어느 무엇도 채워줄 수 없었다.

한국에 돌아온 성미 언니가 시간이 지나자 나에게 연락을 해서 밥을 먹자고 했다. 동부이촌동에 있는 식당에서 밥을 먹으며 우리는 이런 저런 이야기를 했다. 그 동안 살아왔던 이야기를 나누며 같이 눈물도 흘렸다. 언니가 갑자기 나에게 진지하게 이렇게 이야기했다.

"오늘 연예인 연합예배가 있는데 한 번만 가보자"

"난 안가! 나는 신을 안 믿어. 언니!"

"내가 너를 위해 7년 넘게 기도했으니 한 번은 가줄 수 있잖아!"

"멀리 또 어디로 움직이기 귀찮아!"

"횡단보도만 건너면 돼!"

"뭐?"

알고 봤더니 온누리교회 앞에서 밥을 먹은 거다. 너무 가까우니 안 갈 수도 없고, 언니의 간곡한 부탁에 어쩔 수 없이 횡단보도를 억지로 건넜다.

사실 나는 기독교를 믿는 소위 예수쟁이를 별로 좋아하지 않는 편이었다. 그리고, 철저히 기독교를 비난했다.

길을 지나가다가 십자가를 보면,

"여기가 무슨 무덤이야? 왜 이렇게 벌건 십자가가 많은 거야? 왜 이렇게 이스라엘 종교가 판을 치냐!" 하면서 놀려댔다. 그러고 보면 불교도 인도종교인데 말이다.

불교신자일 때, 교회 다니는 친구랑 종교 얘기가 나오면 논쟁을 벌이기도 했다.

"하나님은 공평하다고 하면서 왜 아기가 태어나자마자 병으로 죽고 또 아프게 태어나는데?"라고 공격했다. 그러면 그 친구는 머뭇거리고 얼른 대답을 못해주었다. 그렇게해서 내가 믿던 종교 쪽으로 이끈 사람들도 꽤 될 정도였다. 그렇게, 하나님과 기독교에 대해 반감을 가지고 있던 내가, 성미 언니 때문에 어쩔 수 없이 동부이촌동 온누리교회로 끌려갔다. 예배를 본다는 장소의 문을 열고 들어서자, 실내는 조금 어두웠고, 약간 통통한 사람이 앞에서 노래를 하고 있었다.

몇 명의 연예인들은 일어서서 두 팔을 올리고 노래를 따라 하고 있었다. 어색한 표정으로 마치 꾸어다 놓은 보릿자루처럼 쭈뼛거리며 나는 자리를 잡았다. 한번 삥~ 둘러보니 내가 좋아하는 연예인들도 꽤 많이 있었다.

순서가 목사님 설교시간이 되었는데, 그 날은 이단특집으로 이단 연구하시는 전문가가 오셔서 이단으로 구별 되어진 단체를 알려주고, 거기에 속해있는 연예인들을 위한 중보기도를 부탁하는 그런 시간이었다. 나는 그러니까 일단(?)도 모르면서 이단부터 알게 된 거다. 그 때 난, 기독교에 관심이 없어서 자세히는 몰랐지만, 처음 듣는 내가 들어봐도 정말 말도 안 되는 것을 믿는 사람들이 꽤 많구나 라는 생각이 들었다. 그렇게 이단을 소개하다가 맨 마지막 화면에 중보 기도가 필요한 사람이라며 내 사진이 뜨는 것이 아닌가? 난 너무 놀랐고, 멘붕이 올 지경이었다.

그런데, 그 와중에 성미 언니가 앞으로 나가더니 마이크를 잡고는, "오늘 혜련이가 용기를 내서 여기에 왔습니다!" 라고 하는 게 아닌가? 난 너무 당황해서, 고개를 숙이고는 성미 언니를 보며 말했다.

"하지마! 하지 말라구!~" 허나, 언니는 내 말이 들리지 않는 듯 했고, 곧바로 말을 이어 나갔다.

"혜련아 일어나봐!" 앉아있는 다른 연예인들은 나를 응원하는 마음으로 "아멘!" "할렐루야!"를 외치며 모두 나를 향해 박수를 쳐주었다. 그 속에는 내가 좋아하는 가수 션도 있었다.

'아휴~ 챙피해 정말!'

나는 언니를 야속한 표정으로 쳐다보았지만, 어두워서 언니는 내 표정이 안 보이는 것 같았다. 나는 하는 수 없이 천천히 일어섰다. 모두들 나를 주시하며 '아멘'을 외쳐대었다.

그리고, 더 충격적인 언니의 한 마디가 들렸다.

"앞으로 나와봐"

'뭐라는 거야? 일어선 것도 창피한데 앞으로 나오라구?' 속으로 이런 생각이 드는 순간, 나는 앞으로 나가는 척 하다가, 문을 박차고 나와버렸다. 그리고 핸드폰을 꺼내서 '이성미'라는 이름과 전화번호를 지워버렸다. 그 순간 성미 언니는 이제 나하고의 인연은 끝이라고 생각했다.

'어떻게 순수한 우정을 빌미로 종교를 강요할 수가 있어? 이건

배신이고 배반이야!'

이제 다시는 이 언니에게 연락하지 않으리라 다짐하면서… 그렇게 부담스런 성미 언니는 내 인생에서 지워져 갔다.

시간이 어느 정도 흘러 나는 이혼을 했다. 사람들에게 웃음을 주는 사람으로서, 그런 아픈 모습을 보여주기 싫어서 많이 고민하고 노력했지만 결국은 그렇게 결정이 내려졌다. 아이들에게도 아픔을 주게 되었고, 나의 삶은 아주 피폐해 져갔다.

모든 것이 다 있는데 텅 비어 있는 것 같은 공허함이 나에게 가득 차 있었다. 모든 게 싫었다.

인기도, 돈도, 방송도, 모두…

평생 존댓말 할 테니, 교회 한번만 가자!

이혼 후, 나는 한동안 방송을 접고 중국에서 혼자 지내며 살았다. 내 바로 밑 여섯째 동생이 중국어전공이었는데 중국어를 나에게 가르쳐주었다. 사실 일본어를 공부하고 나서 일본활동을 했지만, 막상 그 일들을 접게 되자 마음이 헛헛해서 새로운 언어인 중국어를 잡았다. 나는 넘쳐나는 에너지를 어학공부를 하며 풀었다. 또 매일 세 시간씩 공부하며 1년만에 HSK 5급을 따게 되었고 중국어를 더 잘하고 싶은 마음이 커졌다. 그래서, 중국유학을 가기로 마음먹고, 여동생과 중국의 대학 이곳 저곳을 알아보다가 한국과 가까운 지역의 대학교로 정했다.

현지 대학을 방문하고 유학 상담을 한 후 도움을 주신 분들과 밥을 먹으러 갔는데 우연히 그곳에서 괜찮은 사람을 만나게 되었다. 중국에서 몇 년간 사업을 하면서 지내고 있는 사람이었는데, 알고 보니 그도 나처럼 이혼의 아픔을 가지고 있었다. 그와 이야기를 나누다 보니 나의 아픔을 나눌 수 있었고, 서로가 위로를 해 주는 좋은 친구가 되었다. 우리가 늘 농담처럼 이야기하는 대로, 소위 중고와 중고가 만난 것이다. (그 사람이 바로 지금의 내 사랑하는 남편이다.)

그렇게 좋은 만남이 이어졌는데, 몇 달이 지나자 그 사람이 갑자기 나에게 뜻밖의 질문을 던졌다.

"하나님에 대해 어떻게 생각해?"

'아니 이건 또 웬 마른 하늘에 날벼락 같은 소리인가?'

이 사람도 어렸을 때부터 하나님을 믿던 크리스천이었다.

성미 언니에 이어서 중국에서도 하나님을 연결하려는 사람을 만난 것이었다. 언니 번호를 지워버린 지도 얼마 되지 않았는데, 또 종교로 인해 부딪치기 싫은 나는 부드럽게 저 자세로 말했다.

"나는 하나님을 믿지 않지만 나쁘게 생각하지 않아. 나도 세상에 많은 사람들을 만나 보고 내린 결론은 세상의 모든 종교는 하나라고 생각해. 인간이 행복하게 살려고 하는 진리는 하나 아닌가? 힌두교든 불교든 천주교든 기독교든."

그러자, 그 사람은 대뜸 나에게 화를 버럭 내며 말했다.

"아니! 자기는 진짜 잘못 알고 있어. 절대로 똑같지 않아. 다른 모든 것들은 인간이 만든 종교이고, 예수그리스도를 믿는 것은 진리이자 신앙이야!"

그렇게 흥분해서 말하는 그의 눈에서 불이 나올 것만 같았다.

'어디서 저런 용기가 나와서, 이렇게 자신 있게 말하는 거지? 이 사람 마치 목회자처럼 말하네!'라는 생각이 들었다.

종교이야기는 사람 관계 안에서 아주 민감한 사안이라는 생각이 들어서 나는 그 사람을 저지시켰다.

"이제 그만 이야기하자! 자기도 이성미 언니랑 똑같아!"라며 쏘아 부쳤다. 그 후 더 이상 이야기가 거론되지 않았지만, 그것이 계기가 되어서 그 사람은 이성미 언니처럼 날 위해 중보기도를 하기 시작했다.

'조혜련이 꼭 하나님을 만날 수 있도록!'

그러다가 남편이 어느 주일날, 혼자 한인교회에 예배를 갔는데, 그 날 세례를 받고 강대상위에서 간증을 하는 내 또래의 자매의 이야기를 듣게 되었다. 울면서 이야기하는 그 자매를 보는데 갑자기 그 얼굴에 조혜련의 얼굴이 오버랩되는 것을 경험했다고 한다. 아직도 하나님의 존재를 부정하며 받아들이지 않는 조혜련이 강대상에서 간증하며 예수를 증거하는 모습이 환상처럼 보인 것이다. 그 자매의 간증 내용은 귀에 들리지 않고, 눈에서는 눈물이, 입에서는 기도가 계속 터져 나온 것이다.

"하나님, 조혜련도 저 자매처럼 예수 만난 경험을 간증할 수 있게 해주세요!"

그 후부터 남편은 나에게 하나님을 전할 수 있는 기회만 엿보며 더 간절히 매일 중보기도를 해 나갔다.

그러다가 드디어 기회가 왔다. 평소 나보다 두 살 어린 남편은 나에게 편하게 반말을 했다. 나는 서로가 존댓말 하는 것이 좋겠다는 생각이 들어서 이렇게 부탁했다.

"존댓말을 해줬으면 좋겠어!"

그러자 남편은 대신 조건이 하나 있다고 했다.

"평생 존댓말 할 테니, 교회 한번만 가자!"

그건 바로 주일날 교회에 한번만 나가 달라는 거였다. 그냥 교회 한번만 가 주면, 평생 존댓말을 해준다는 거다. 머릿속으로 계산해보니 그렇게 나쁜 조건은 아니었다.

'교회 한 번 가는 걸로 평생 존댓말을 들으며 대우 받으며 산다! 괜찮네!'

왜냐하면, 그때 나의 가치관과 철학은 탄탄하여서 그 어떤 것을 듣더라도 흔들리지 않을 자신이 있었다. 또 그 전에 성미 언니를 통해서 교회에 갔지만 그 자리를 스스로 박차고 나왔고, 지금도 내 소신껏 살고 있으니 말이다. 그래서 나는 교회에 가겠다고 했다.

그러자 그때부터 남편은 모든 말끝마다 '~요'자를 붙이며 내게 꼬박꼬박 존댓말을 하기 시작했다.

"식사했어~요? 오늘 별일 없었어~요?…"

막상 모든 말끝에 '요'를 붙이는 존댓말을 들으니, 무지 어색하기도 하고 쏘울(soul)이 느껴지지도 않았다.

그래서, 나는 다시 남편에게 예전처럼 반말을 해달라고 요청을 했다. 그러자, 남편은 놀라며 물었다.

"그럼, 교회 가기로 한 것은?"

"아… 그건 약속한 거니까… 그냥 한번 가줄게!"

다시 반말하기로 했다고 해서, 한번 약속한 걸 취소하는 건 왠지 치사한 것 같아서 그냥 교회에 가겠다고 했다.

그리고 몇 주가 지난 어느 주일날, 남편을 따라 시어머니가 다니고 계시다는 교회에 가게 되었다. 강남 수서의 어느 작은 산 중턱에 자리잡고 있는 예쁘고 아담한 교회였다.

쭈뼛쭈뼛 거리며 어색하게 앞쪽에 자리를 잡고 앉았다. 혹시 누구라도 나를 알아볼까 봐 고개를 푹 숙인 채로.

잠시 후 예배가 시작되고 찬양대가 이끄는 찬송가를 들었다. 310장 '아! 하나님의 은혜로'

"아~ 하나님의 은혜로 이 쓸데 없는 자 왜 구속하여 주는지 난 알 수 없도다~"

아무 생각 없이 그 찬송을 듣고 있다가 마치 기습적으로 가슴에 화살을 맞은 듯한 느낌이 왔다.

'윽!… 이건 뭐지?'

성가대의 화음이 아름다워서인지, 아니면 정말 성전에 계신 성령의 이끄심이 있었는지, 나도 모르게 그 찬송을 듣는 순간 그만 눈물이 뚝 떨어지고 말았다.

'이 쓸데 없는 자~~'라는 가사를 듣는데 갑자기 내 마음에 이런 생각이 들었다.

'그래 나는 정말 쓸데없는 자다!… 엄마가 열 달 동안 뱃속에서 계속 아들로 키웠다가 막상 쓸데없는 가순아로 태어나자 필요 없으니 죽으라고 엎어놓았고, 대학에 합격했다고 쓸데 없는 가순아가 돈 버리는 짓 했다며 부지깽이로 얻어 맞았고, 일본어를 공부하며 그렇게 열심히 일본 방송활동을 했지만 결국은 오해를 받으며 욕만 듣던 나! 그런 쓸데없는 자가 바로 내가 아닌가!'

그런 생각들이 그 찬송을 듣는 동안 정말 주마등처럼 스쳐 지나가며 고개를 들 수 없었다.

찬양대의 찬송은 이어졌다.

"내 모든 형편 아시는 주님~~"이라는 가사가 들렸다.

내 모든 형편은 나를 낳은 엄마도, 내 아이들도, 내 형제들도 모른다. 심지어 내 자신도 내가 왜 이렇게 불도저처럼 자신을 괴롭히며 사는지 알 지 못했다.

'그런데 내 모든 형편을 아시는 주는 누구란 말인가?'

출애굽기? '출애'가 뭔데 굽지?

잠시 후에 황명환 담임목사님의 설교가 이어졌다.

보통 교회는 목사님이 직접 나오셔서 설교를 하시는데, 이 때 목사님의 설교는 녹화된 영상이었다. 이 당시 담임목사님은 건강이 좋지 않으셔서, 1부 예배에만 설교를 하셔야 했다는 것을 나중에 알게 되었다. (물론, 지금은 담임목사님의 건강이 많이 회복되셔서 주일의 모든 예배에 설교를 하시게 되었다.)

처음 화면으로 보는 담임목사님은 많이 야윈 모습이었지만, 정말 인자해 보였다. 담임목사님이 그 날 설교하신 내용은 출애굽기 31장과 32장이었다.

목사님과 옆자리의 남편을 비롯한 모든 성도들이 출애굽기 본

문을 봉독하였다.

나는 태어나서 처음 성경책을 펼쳐 보았다.

'출애굽기? 굽기라고? 출애가 뭔데 굽지?'

옆에 앉은 남편을 쿡쿡 찌르며 작은 소리로 물었다.

"출애가 뭔데 굽는 거야?"

남편은 순간 억지로 웃음을 참는 듯 했다.

애굽이 이집트인지 몰랐기에 출애굽기가 진짜 뭘 굽는 건 줄 알았다. 나는 순간 호기심이 발동해서, 잠시 그 뒤에 있는 성경을 뒤적거리며 제목들을 살펴보았다. 제목들을 보다 보니 너무도 재미있는 이름들이 많았다.

- 민수기 : '민수?… 민수는 한국사람인데 성경을 쓸 때 한국 사람 민수씨도 같이 집필을 도왔나?'
- 누가복음 : '이건 누가 썼는지 모르는 건가?'
- 에베소서 : '이건 마리아가 애를 배는 내용인가?'

더 뒤쪽을 보니 살벌한 제목 하나가 나왔다.

- 골로새서 : '골로 센다 구? 한 골, 두 골, 세 골…'

성경제목을 대충 훑어본 후, 다시 목사님의 설교를 듣기 시작했다.

<출애굽기 32장 1, 2절 본문>

백성이 모세가 산에서 내려옴이 더딤을 보고 모여 백성이 아

론에게 이르러 말하되 일어나라 우리를 위하여 우리를 인도할 신을 만들라 이 모세 곧 우리를 애굽 땅에서 인도하여 낸 사람은 어찌 되었는지 알지 못함이라 아론이 그들에게 이르되 너희의 아내와 자녀의 귀에서 금 귀고리를 빼어 내게로 가져오라

목사님이 설교하신 출애굽기 31장에서 32장의 내용은 '금송아지 사건'이었다. 430년 애굽 땅에서 종살이 하던 이스라엘민족에게 하나님이 모세를 리더로 세워 주셨고, 이 모세가 애굽의 왕 바로에게 민족의 노예해방을 요구한다. 그러나, 바로 왕은 이를 거절하고, 하나님은 열 개의 재앙을 애굽에 내리신다. 결국 이스라엘 민족은 애굽을 빠져 나오게 되고, 시내산에 200만명이 안착하게 된다. 그리고, 모세는 시내산에 올라가 40일동안 하나님이 알려주시는 십계명을 두 돌판에 기록하였다.

40일동안 시내산 위에 올라가 하나님을 만나고 있는 모세를 기다리지 못한 이스라엘민족은 제사장 아론에게 눈에 보이는 신을 만들어달라고 졸라댄다. 결국 자신들이 가지고 있는 금귀걸이, 금목걸이를 다 빼서 금송아지를 만들어내고, 그것이 자신들의 신이라며 좋아서 춤추며 뛰노는 장면이었다.

생전 처음 듣는 성경말씀의 스토리였다. 그런데, 이 때 드는 나의 생각은 이랬다.

'참 이스라엘 백성들 너무하네! 하나님이란 존재가 그렇게 힘들게 종살이하던 자기네들을 애굽에서 이끌어 내 주셨다는데, 4년도 아니고, 4개월도 아니고, 고작 40일인데… 그 시간을 못 기다리고 배신하나? 참 어이없네!'

하나님의 존재를 믿지 않았던 나였지만, 이날 설교에서 들은 성경스토리에서의 사람들 모습이 너무 의리가 없다는 생각이 들었다.

예배를 모두 마치고 나오자마자, 남편은 내게 물었다.

"자기야 오늘 예배 어땠어?"

"응… 뭐… 그냥… 그렇지 뭐…"

나는 무미건조하게 대답했다. 이렇게 대답한 이유는, 좋아하는 내 모습이 들키기라도 하면 종교를 강요할 것도 같고, 또 창피하기도 해서 속내를 감추어 표현한 것이었다. 사실을 말하면 내가 생각한 것보다 훨씬 좋았다. 교회에 들어선 순간부터 끝나는 시간까지 왠지 모르는 영적인 손길을 느꼈다고나 할까?

그 전에 믿던 종교는 내가 스스로 깨달음에 도달하기 위한 정성이 필요했다. 그런데, 그 날 교회 주일예배에서는 한번도 느껴보지 못한 묘한 따뜻함과 촉촉함이 있었다.

남편은 이어서 조심스레 또 내게 물었다.

"다음 주는… 안… 올 거지?…"

그렇게 물어보는 것도 당연한 거다. 나는 한번만 오기로 약속

했기 때문이다.

"음…다음주에 한번만 더 와 볼게."

남편의 입가에 미소가 번졌다.

사실 한번 더 와 보고 싶었던 이유는 출애굽기의 금송아지 사건이 어떻게 이어지는지가 궁금해서였다. 결과를 알기 전에 목사님의 설교가 끝나서 조금 아쉬웠었다. 나 혼자 성경을 읽어볼 수도 있었지만, 그래도 교회에 와서 온화하게 생기신 목사님께 직접 설교로 듣고 싶었다. 그래서, 나는 그 다음주에 또 남편과 시어머니와 함께 교회를 찾아 예배를 드렸다.

궁금했던 금송아지 사건은 잘 해결이 되었단 걸 알게 되었다. 모세가 하나님께 이스라엘민족을 용서하지 않을 거면 생명 책에서 자신의 이름을 빼달라고 하면서 부르짖는 장면은 진짜 리더다웠다.

> 그러나 이제 그들의 죄를 사하시옵소서 그렇지 아니하시오면 원하건대 주께서 기록하신 책에서 내 이름을 지워버려 주옵소서
>
> (출애굽기 32장 32절)

나는 2주 동안 한꺼번에 많은 내용을 배운 느낌이었다.

교회에 처음 간 날에는 '인간들의 나약함과 배신'에 대해, 두 번째 간 날에는 '그럼에도 불구하고 그들을 용서하시는 하나님의 마

음을……'

두 번째 교회를 갔을 때에 담임목사님께 인사를 드렸다. 목사님께 내가 누구인지 남편이 소개를 하자, 미소를 머금은 목사님이 내게 하신 말씀을 지금도 잊을 수가 없다.

"조혜련 성도님의 모습을 보니 그 동안 참 많이 분주하게 사신 것 같네요! 이제 그 분주함을 내려놓고, 주님 안에서 평안을 누리시면 좋을 것 같네요!"

'나에 대해 잘 모르실 텐데, 어떻게 내 상태를 잘 아실까?'

목사님 말이 딱 맞았다. 그 동안 난 참 분주하게 살아왔다. 그것이 더 유명해지기 위해서였는지, 돈을 벌기 위해서였는지, 또 다른 성취감을 맛보기 위해서였는지… 무엇을 위해서 그렇게 바쁘게 사는지도 자각하지 못한 채 많은 일들을 하느라 내 삶은 늘 분주했다.

새로운 것에 도전하고 도전하느라 늘 자신을 가만두지 않았던 내가 아니었던가!

나도 그 분주함을 내려놓고 싶었다. 그렇지만 어떻게 내려놓는지 방법을 알지 못했다.

그 분주함을 내려 놓고 주 안에서 평안함을 누리라는 목사님의 말씀이 내 뇌리에 꽂혔다.

'내 모든 형편 아시는 주님이… 그 주님이신 건가?'

도대체 무슨 말인지 모르겠네!

남편과의 존댓말 사건을 통해 반강제적으로 교회에 가게 된 나는 하나님의 존재에 대해 알고 싶다라는 마음이 조금씩 일어나기 시작했다.

음정은 모르지만 찬송을 따라 부르는 것도, 찬양대의 아름다운 화음으로 부르는 찬양도, 목사님의 설교 말씀도… 이런 예배의 모든 것이 좋아지기 시작했다. 그리고, 예배를 드리다 보면, 왠지 모를 눈물이 흐르기도 했다. 그렇게 매주 드리는 주일 예배는 마치 메마른 땅처럼 갈라진 내 마음 위에 촉촉히 내리는 단비 같았다. 그 느낌이 좋아서 그 다음주에 또 교회를 갔다. 그리고, 또 그 다음주에도, 또 다음주에도, 또 다음주에도… 그리고, 현재까지 따뜻함이 이어지는 교회를 다니고 있다.

내가 제일 궁금한 건 두 손가락으로 잡을 수 있는 성경책이었다. 44년 동안 살면서 다른 책들은 열심히 읽었지만 전 세계 베스트셀러인 성경을 읽어야겠다는 생각은 못했었다.

그래서 결심했다.

'내가 교회를 다니던 다니지 않던 두 손가락 안에 쏙 들어오는 성경책을 읽어보자!

시간이 나는 대로 파주에 있는 공영도서관에 가서 성경에 관련된 서적들을 찾아 펼쳐놓고 성경을 읽어나가기 시작했다.

'내가 불교 경전인 팔만대장경도 읽고 여러 가지 어려운 철학책도 다 팠는데… 이렇게 단권으로 되어 있는 성경책 쯤이야… 2주면 다 끝내겠네, 뭐!'

성경의 표지를 열자, 창세기가 시작되었다.

창세기 1장부터 시작되는 태초에 하나님이 6일동안 세상을 만드셨다는 이야기는 조금 신화적인 느낌이 들었다. 그도 그럴 것이 어렸을 때부터 학교에서 과학 시간에 배운 내용은 빅뱅으로 세상이 만들어졌고, 원숭이가 우리의 조상이라는 이야기인데, 아마도 그것이 머리에 각인이 되어 있기 때문인 듯 했다.

창조 후의 이야기는 일반사람들도 많이 들어보았던 에덴동산과 아담, 하와의 이야기가 나왔다.

자신의 형상을 닮은 사람을 흙으로 빚어 남자 아담을 만드시고 그 아담이 외로울 까봐 하와를 아담의 갈빗대로 만들었다고 했다. 어떻게 갈빗대를 빼서 만든단 말인가? 두 사람은 하나님을 거역해서 절대로 따먹지 말라는 선악과를 따먹고 에덴동산에서 쫓겨 나는 상황이 되고… 그래도 그렇게 불순종하는 두 사람에게 하나님이 가죽옷을 지어 입혀주시는 훈훈한 이야기도 있었다. 그 후 노아의 홍수와 바벨탑사건 이야기 등도 믿을 수 없을 만큼 신비하고 놀라운 일들이었다. 그러다가 창세기 12장부터 족장들의 이야기가 시작되었다.

아브라함, 이삭, 야곱… 하나님의 민족으로 정하신 아브라함을 돌보시며 이끌어 가시는 이야기도 어렵긴 했지만 그래도 소설 같아서 그런대로 읽을 만했다.

특히, 창세기 37장부터 등장하는 요셉의 이야기는 너무도 흥미로웠다.

아버지에게 특별히 사랑 받는 요셉을 형들이 시기, 질투하며 미워하고 결국 애굽의 종으로 팔아버렸는데 갖은 시련을 겪다가 애굽의 총리가 되는 이야기.

가뭄이 와서 곡식을 가지러 애굽으로 와서 동생인 총리 요셉 앞에 무릎을 꿇고 있는 그 형제들 앞에 울지 못하고 눈물을 꾹 참다가 뛰쳐나가 실컷 울다 들어와서 안 운 것처럼 이야기하는 요셉! 마치 막장드라마 같은 반전은 눈을 떼기가 어려웠다.

창세기를 넘기고 출애굽기가 나왔다. 이제는 굽기가 뭘 굽는

게 아니고 애굽이 이집트이고, '출'은 '나갈出'이니 이집트를 나오는 이야기라는 것을 알게 되었다. 출애굽은 모세가 이끌고 나갔다. 나도 이 장면은 본 적이 있다. 명절에 가끔 주말의 명화 같은 데서 지팡이를 쥔 할아버지가 많은 사람들을 이끌고 바다를 건너가는 그 장면을 보면서 나는 말도 안 된다고 생각한 적이 있었는데 그게 바로 이 출애굽기의 내용이었다. 430년 애굽의 종살이하던 이스라엘 백성을 하나님이 모세를 통해서 출애굽 해내는 과정이다. 모세의 말에 끝까지 말을 듣지 않는 이집트의 바로 왕 때문에 하나님은 열 개의 대재앙을 내리시고 또 홍해를 가르시고 200만명이 넘는 이스라엘 사람들이 광야에서 아무것도 먹을 것이 없게 되자 하나님께서 그들을 위해 바위에서 물을 내고 먹고 살수 있도록 매일 만나와 메추라기를 내리신 이야기도 너무 인상적이었다. 이렇게 창세기부터 출애굽기 24장까지는 그런대로 읽어가며 넘어 오고 있었다.

그런데, 이게 왠 일인가? 출애굽기 25장에서부터 써있는 것을 보고 깜짝 놀랐다.

> '…청색 자색 홍색 실과 가는 베 실과 염소 털과 붉은 물 들인 숫양의 가죽과 해달의 가죽과 조각목과 등유와 관유에 드는 향료와 분향할 향을 만들 향품과 호마노며 에봇과 흉패에 물릴 보석이니라…'

'…그들은 조각목으로 궤를 짜되 길이는 두 규빗 반, 너비는 한 규빗 반, 높이는 한 규빗 반이 되게 하고…'

'아니, 이거 뭐 디자인학과, 건축학과도 아니고… 왜 이런 내용들이 나오는 거야?'

출애굽기 25장부터 40장까지는 다 이런 이야기의 나열이었다. 마치 전문가들이 읽어야 할 책처럼 어떤 친절한 설명도 없이 무슨 말인지 하나도 알아 먹을 수가 없었다.

레위기로 넘어가니 문제는 더 심각했다.

'…그는 또 그 번제물의 가죽을 벗기고 각을 뜰 것이요. 제사장 아론의 자손들은 제단 위에 불을 붙이고 불 위에 나무를 벌여 놓고 아론의 자손 제사장들은 그 뜬 각과 머리와 기름을 제단 위의 불 위에 있는 나무에 벌여 놓을 것이며 그 내장과 정강이를 물로 씻을 것이요. 제사장은 그 전부를 제단 위에서 불살라 번제를 드릴지니 이는 화제라 여호와께 향기로운 냄새니라…'

생소하고 황당한 내용들이 계속되었다. 그리고 이 말이 저 말 같고 저 말이 이 말 같았다.

또 번제, 소제, 화목제, 속죄제, 속건제… 제사의 종류 같긴 한

데, 생전 처음 듣는 용어들이 나오기 시작하는데, 머리가 지끈지끈 아프기 시작했다

'레위기는 도저히 안되겠다! 민수기로 넘어가자!'라고 생각하고 민수기를 읽어보니, 민수기도 만만치 않은 내용이었다. 아주 불친절한 숫자세기가 연속되었다. 결국 한국사람 민수씨가 쓴 게 아니라는 것도 알게 되었다.

숫자를 세는 건데 뭘 어떻게 세는지 왜 세는지 도저히 답이 안 나왔다. 그냥 총 몇 명이라는 것만 알려주면 될 것을 낱낱이 다 헤아려서 세 놓은 민수기였다. 그래도 뜻한바 있으니 어찌되었던 끝까지는 읽어보고 그만두더라도 그만두고 싶었다.

매일 틈나는 대로 집에서 도서관에서 성경을 읽었다. 읽어갈수록 낯선 지명, 이름들이 나오기 시작했다. 브살렐, 오홀리압, 마할랄렐 등등, 한국사람인 나에게는 이질감이 느껴지는 이름들 이었다. 특히 역대상 초반은 너무도 독자에게 불친절했다. 아니 아무 설명도 없이 아홉장을 누가 누구를 낳고, 낳고, 낳고… 누가 누구의 아들이라는 것만 나열되어있는 게 아닌가! 나는 내 조상 족보도 모르는데 굳이 이스라엘 족보를 이렇게 알아야 하는지에 대한 반감이 들기도 했다.

그렇게 구약을 훑어보다가 도저히 답이 나오지 않아서 예수님이 태어나셨다는 신약을 먼저 보기로 했다. 아무래도 지금하고 더 가까우니 내용이 조금이라도 쉬울 것이라는 희망을 가지고 말이

다. 4복음서에 써있는 이야기는 그래도 대화형식도 있고 비유도 있어서 구약보다는 읽기가 낫기는 했지만 그래도 그 깊은 의미는 무엇을 뜻하는지는 도저히 알 길이 없었다. 특히 로마서는 사도 바울이라는 사람이 썼다는 데 문장 문장마다 담겨있는 깊은 뜻을 알아내기가 쉽지 않았다.

> 형제들아 내가 여러 번 너희에게 가고자 한 것을 너희가 모르기를 원하지 아니하노니 이는 너희 중에서도 다른 이방인 중에서와 같이 열매를 맺게 하려 함이로되 길이 막혔도다…

읽어보아도 무슨 말인지 몰라서 단 두 줄을 넘기기가 너무도 힘들었다. 형제들은 누구며 왜 여러 번 가려고 했고 열매는 무엇이고 길은 왜 막혔는지… 내용을 모르니 답답하기만 했다.

마치 운전 면허시험 볼 때 시험문제를 어렵게 내려고 '맞지 않지 않지 않는 것은?'이라고 꼬아서 내는 것 같아 보였다.

결국 나는 조용히 성경을 덮었다. 그리고 참고 서적들도 제자리로 다 돌려 놓았다. 머리가 너무 아프고 어지러웠기 때문이다. 책을 덮고 나는 이렇게 생각했다.

'도대체 무슨 말인지 모르겠네! 이건 사람이 읽을 책이 아닌 거 같아! 이 책이야 말로 시크릿(secret :비밀)이네!'

네~~~! 믿습니다!

그렇게 몇 달 동안 씨름하듯 성경을 뒤적거리며 매주 교회를 다녔다. 성경의 내용은 다 알지 못하지만 교회에 가면 내가 그 동안 읽었던 내용도 언급이 되고, 또 그동안 느끼지 못했던 평안함이 느껴져서 좋았다. 특히 남편과 함께 매주일 교회를 다니니 더욱 행복했다.

조금 막연하긴 했지만, 하나님이라는 존재에 의지하고 무엇이든지 다 고백할 수 있다는 것이 좋았다.

그렇게 교회를 다니기 시작한 지 약 3개월 정도 지났을 즈음, 어느 날 퇴근하고 저녁에 집에 돌아온 남편이 나에게 뜬금없이 '영접기도'를 해보자고 했다. 내가 영접기도는 어떻게 하는 거냐고 물었더니 그냥 자기가 묻는 말에 스스로가 납득이 가면 "아멘~"하고 대답하면 된다고 했다.

묻는 말에 대답할 자신이 있었다. 이제는 어렸을 때 과학 시간에 배운 '오스트랄로피테쿠스라는 유인원이 진화해서 내 조상이었다'는 진화론도 믿지 않을 자신이 있었고, 불교에서 말하는 죽으면 다시 태어난다는 윤회설을 믿지 않을 자신도 조금씩 생기기 시작했기 때문이다!

남편이 나를 쳐다보며 물었다.

"하늘에 계신 하나님, 지금까지 조혜련은 내가 주인 되어 살아왔음을 고백합니다. 이제 제 마음의 문을 열고 예수 그리스도를 생명의 구세주요 나의 주인으로 영접하고자 합니다.

하나님의 아들 예수 그리스도께서 우리의 죄를 사하시려고 십자가에서 못 박혀 죽으시고 사흘째 날에 부활하셨음을 믿습니다.

그리고 이를 마음으로 믿고 입으로 고백하려 합니다.

조혜련 성도님은 이 세상을 창조하시고 전지전능하신 하나님을 당신의 아버지로 인정합니까?"

나는 "아멘"하려고 입을 열었다. 그런데 입은 열었으나 대답을 할 수 없었다. 왜냐면 소리가 나오지 않았다.

'아니 왜 대답이 안 나오지?'

그런 경험은 처음이었다. 마치 세례요한 아버지 사가랴가 아들이 태어나기 전 말을 못한 것처럼! 남편은 몇 번을 반복해서 물어

보다가 내가 대답을 하지 못하자 나에게 다시 질문했다.

"주님 저는 죄인입니다. 저의 죄를 용서해주세요. 예수님께서 저의 죄를 사하시기 위해서 십자가에 못박혀 돌아가신 것을 믿습니다. 저에게 들어오셔서 저에게 영원한 천국에 갈 수 있는 구원의 선물을 주시옵소서."

"조혜련 성도님에게 묻습니다. 성령으로 잉태되어 아무런 죄 없이 우리의 죄를 사하여 주시기 위하여 십자가에 매달려 마지막 피한방울, 물 한 방울도 아낌없이 흘리며 죽으신 예수의 보혈의 사랑을 믿으십니까?"라고 안타까운 눈으로 바라보며 나에게 고백하기를 원했다. 나는 대답하고 싶으나 대답할 수 없었다. 대답이 나오질 않았기 때문이다.

진땀을 흘리다가 나는 남편에게 물었다.

"자기야, 자기가 대신해서 대답해주면 안돼?"

"안돼! 자기 스스로 고백해야 돼"

애굽 종살이 하던 히브리민족이 출애굽을 하고 나서도 애굽에서의 우상들을 믿던 것을 버리지 못해 '금송아지'를 만들어 낸 것처럼, 나에게도 내가 믿던 우상의 찌꺼기가 온 몸에 베어 있다 보니 그것에서 벗어나지 못하고 있었다.

남편은 안타깝게 나를 바라보다가 성경을 펼쳤다.

"하나님이 세상을 이처럼 사랑하사 독생자를 주셨으니 그는 이를 믿는 자마다 멸망하지 않고 영생을 얻게 하려 하심이라. 요한

복음 3장 16절. 이 말씀을 믿습니까?"

"……"

"자기야! 하나님이 죄덩이인 우리를 위해 자신의 아들을 십자가에 못박고 그 보혈의 피로 우리를 구원하신 거야! 자기도 이젠 알고 있잖아! 그것을 진심으로 믿는다고 고백해봐."하며 내가 느끼고 대답할 수 있도록 눈을 감고 조용히 기도해주었다.

나를 잡고 있던 남편의 손에서 느껴지는 강한 힘은 마치 하나님이 나를 잡고 계시는 것처럼 느껴졌다. 나는 나에게서는 그 대답이 나오지 못 할거 라는 걸 느꼈다. 인정하고 싶으나 내면에 숨겨져 있는 고집스런 나의 악의 세력들이 자리를 내주지 않는 듯했다. 그런 내면 갈등이 느껴지며 갑자기 내 자신에게 화가 났다.

이제는 그것을 행하는 자가 내가 아니요 내속에 거하는 죄니라.

내 속 곧 내 육신에 선한 것이 거하지 아니하는 줄을 아노니

원함은 내가 있으나 선을 행하는 것은 없노라.

내가 원하는 바 선은 행하지 아니하고 도리어 원하지 아니하는 바 악을 행하는도다.

만일 내가 원하지 아니하는 그것을 하면 이를 행하는 자는 내가 아니요.

내 속에 거하는 죄니라.

그러므로 내가 한 법을 깨달았노니

곧 선을 행하기 원하는 나에게 악이 함께 있는 것이로다.
내 속 사람으로는 하나님의 법을 즐거워하되
내 지체 속에서 한 다른 법이 내 마음의 법과 싸워
내 지체 속에 있는 죄의 법으로 나를 사로 잡는 것을 보는도다.
오호라 나는 곤고한 사람이로다 이 사망의 몸에서 누가 나를 건져내랴.
우리 주 예수 그리스도로 말미암아 하나님께 감사하리로다.
그런즉 내 자신이 마음으로는 하나님의 법을 육신으로는 죄의 법을 섬기노라.

(로마서 7장 17절~25절)

사도 바울도 그 안에 있는 죄를 인식하고 한탄한 것같이 나도 똑 같은 죄성이 가득한 인간이었다.

그렇게 시간을 끌던 나는, 순간 소리를 질러야겠다고 생각했다. 그러지 않으면, 계속 대답도 못하고 시간만 흘러갈 것 같았다. 그래서, 등 뒤의 근육에서부터 힘을 끌어올리기 시작했고, 용기를 내어 입 밖으로 큰 소리를 질렀다.

"네!!!!~~~~믿습니다~~~ 아니 믿고 싶습니다. ~~흑흑흑~~~이제 믿겠습니다~~엉엉~~"

'네!!!~~~' 라는 소리를 지르며 나는 무릎을 꿇었다. 그리고 울음을 터뜨렸다. 어린 아기가 엄마 뱃속에서 태어나자마자 아무 영문도 모른 채 세상을 향해 큰 소리로 울어대는 것처럼 나는 그렇게 엉엉 소리 내며 울었다.

그 때 내 마음을 뭐라고 표현해야 할까? 억울하기도 했고 분하기도 했고 시원하기도 했다.

"네!"라고 고백하는 순간 나를 짓누르고 있던 큰곰 같은 무거운 짐이 뚝 떨어져나가는 것을 느꼈다. 처음 느껴보는 '자유함' 이었다.

> 진리를 알지니 진리가 너희를 자유케 하리라
>
> (요한복음 8장 32절)

그 동안의 내 인생은 내가 하나님이 되어 혼자 모든 것을 결정해야 했고 그 결과에 책임지며 살아야 했다. 그런데, 그렇게 산 내 삶은 나 혼자 감당하기에는 너무도 버겁고 힘들었었다.

태어날 때부터 세상에 필요 없는 여자아이로 분류되어 엄마 손에 의해 엎어놓아 지고 부정당했었다.

그 어려운 대학에 한 번에 합격했을 때도 나는 축하대신 쓸데없는 짓을 했다고 혼났고, 일본어를 매일 6시간 이상씩 공부해서 일본 방송에도 진출하여 7년동안 일본을 다녔지만 결국 돌아온 결과는 감당하기 힘든 비난과 차가운 시선들, 그 모든 것들이 내 인생 전부를 지배하고 있었다.

내 자신이 의식세계에서는 인식하지 못하고 살았지만 그것이 마치 사도 바울이 로마서에서 말한 것처럼 내 지체 속에 있는 죄의 법으로 나를 사로잡고 있었던 것 같다. 곧 내 무의식 세계를 강하게 지배하고 짓누르고 있었다.

'나도 아들만큼 가치 있어요… 여기요!!! 나 좀 봐주세요' 라고 소리치며 '나'라는 존재를 인식 시키기 위해, 인정받기 위해, 미친듯이 두 팔을 흔들며 아우성치듯 분주하게 달려왔었다. 끝도 없는 목표를 향해 자신의 온 몸에 생채기를 내면서 말이다.

그런데 그렇게 사는 인생이 너무도 나에겐 버겁고 힘들었었다.

그런데 내가 "네!~~"하고 소리지르며 하나님께 무릎 꿇고 자복했을 때 하나님은 나에게 이렇게 이야기하는 것 같았다.

'내 딸아! 그렇게 힘들게 네 자신을 내몰아가며 괴롭히지 않아도 된다. 쑥갓은 쑥갓다우면 되고, 국화는 국화다우면 되듯이 너는 그냥 있는 그대로 너 다우면 된다.'

남편과 나는 부둥켜 안고 많이 울었다. 내가 내 마음을 다 설명하지 않아도 남편은 다 아는듯했다.

그 날밤 나는 눈물의 영접기도를 드리며, 그렇게 살아계신 예수님을 내 안에 영접했다. 예수님을 인격적으로 만난 첫사랑의 감격적인 순간이었다. 영원히 잊지 못할 감사의 시간이었다.

'주님! 감사합니다. 나를 만나주시고, 내 안에 들어오셔서 감사합니다. 이제 영원히 당신과 함께 하겠습니다.'

네가 되면, 다 돼!

그 후 두 달 뒤, 나는 내가 다니는 교회의 교인으로 정식등록을 했다. 내가 교회에 등록하는 순간, 시어머니는 눈물을 찍어내셨다. 내가 남편과 만나서 교제하고 있을 때 가장 많이 마음 쓰시고 걱정하셨던 분이 시어머니 셨다. 집안 식구들이 다 크리스천인데 하나님을 믿지 않는 나에 대해 계속 중보기도를 해 오셨던 것이다. 중보기도를 하나님이 들어주신 것에 대한 감사한 기쁨의 눈물이 셨을 것이다.

모두에게 축하를 받고 집으로 돌아올 때 나는 내가 하나님의 자녀가 되었다는 뿌듯한 마음을 감출 수가 없었고, 너무도 기뻤다. 그 순간 내 머릿속에 한 사람이 떠올랐다.

'이성미 언니!'

내가 예수를 만나게 해달라고 지난 7년동안 하루도 빼지 않고 중보 기도해 온 사람!

나에게 종교를 강요하는 것이 밉고 부담스러워서, 나는 언니의 휴대폰 번호도 지워 버리고 몇 달 동안 연락도 끊었었다. 나는 성미 언니에게 문자를 보냈다. 핸드폰에서 번호는 지웠지만, 내 머리는 언니의 번호를 기억하고 있었다.

'오랜만이야. 나 혜련인데, 언니, 나 오늘 교회에 등록했어. 그동안 나를 위해 하나님께 중보기도 해줘서 고마워'

원래 답장을 바로 안 하는 언니인데, 문자를 보내자 마자 몇 초 만에 바로 답장이 왔다.

'오~주여! 세상에! 하나님! 살아 계시군요!… 감사합니다.

아멘!!!!!!!!!!!!!!!!!!!!!!!!!!!!!!!!!!!!'

아멘! 뒤에 느낌표 수십 개가 찍혀있었다. 언니와 통화를 하고 싶어서 전화를 바로 했다. 전화를 바로 받는 언니에게 내가 먼저 말을 걸었다.

"언니~~"

"흑흑……"

저 쪽에서 흐느끼는 소리가 들렸다.

성미 언니는 아무 말도 못하고 계속 울고 있었다. 그러다가 말을 이었다.

"오! 하나님 감사합니다. 저의 기도를 이렇게 들어주시는 군요. 세상에 네가 하나님을 믿게 되다니… 오 세상에!!"

그 날 언니는 '오! 세상에…'를 열 번 넘게 한 것 같다.

"언니 고마워!"

"아니 내가 훨씬 더 고마워. 혜련아!"

"언니가 뭐가 고마워? 내가 더 고맙지… 그 오랜 시간 동안 날 위해 기도해주었잖아!"

"네가 지금은 잘 느끼지 못 하지만 나중에 너도 믿지 않는 네 가족들과 친척, 친구들을 위해 기도 했는데, 어느날 그 중 누군가 너에게 '나 예수 믿고 교회에 등록 했어' 라고 보낸 문자를 받으면 얼마나 고마운지 알게 될 거야"라고 이야기 했다. 사실 그 때는 잘 몰랐다. 그게 얼마나 고마운 일 인지…

근데 지금은 성미 언니의 마음을 알 것 같다. 내 가족들 중에 아직도 예수를 알지 못하고 믿지 않는 사람들이 많다.

요즘 나도 내 가족들의 이름을 올려놓고 엎드려 눈물로 기도한다. 그 사람들이 꼭 예수님을 만날 수 있도록. 그러나 예전의 나처럼 아직 대답이 없다.

한 번은 그 시간을 빨리 앞당겨보려고 내의지로 가족들에게 강제적으로 예수님을 소개도 해보았지만 돌아오는 것은 반감뿐이었다.

이제 성미 언니가 말한 의미가 무슨 뜻인지 알 것 같다. 어느 날, 나에게 남동생이 문자로 "누나 나 교회에 등록했어. 예수님을 내 마음으로 믿게 되었어"라고 고백해온다면 진심으로 진심으로 고맙다고 기쁘다고 이야기 할 것 같다.

> "나의 형제 곧 골육의 친척을 위하여 내 자신이 저주를 받아 그리스도에게서 끊어질지라도 원하는 바로라"
>
> (로마서 9장 2절)

사도 바울의 처절한 이 고백이 너무도 뼈저리게 느껴진다. 가족을 회심시키는 것이 얼마나 힘든 것인지를 알기에.

성미 언니와의 전화 통화에서 마지막에 한 말이 아직도 잊혀지지 않는다.

"혜련아! 네가 되면, 다 돼!"

언니의 이 말이 무슨 의미인지 알 것 같았다. 무너지지 않을 것 같았던 '조혜련'이란 장벽도 허물어졌는데, 아직 예수님을 모르는 또 다른 누군가도 진리의 예수님을 받아들이는 날이 반드시 올 수 있다라는 것이었다. 난 이 말을 듣고 한 편으로는 어깨가 무거워지는 책임감도 느꼈다.

'내가 성미 언니나 남편의 기도 응답으로 주님께로 돌아왔듯이, 나도 주변 사람들을 위해 기도 해야겠다.'

그 동안 저와 함께 계셨군요!

그리고 두 달 뒤 나는 연예인 연합예배에 다시 정식으로 참석하게 되었다. 내가 연예인 연합예배에 참석하러 교회에 들어갔을 때 모두들 진심으로 기뻐해주었고 어깨를 토닥여 주었다. 돌아온 탕자를 맞아주는 아버지같이!

나중에 표인봉 오빠에게 들은 이야기인데 성미 언니가 내가 교회에 등록했다는 이야기를 듣고 연예인 연합예배에 참석하는 크리스천 연예인들과 커피숍에 모여서 모임을 가질 때 상기된 표정으로 중대 발표를 하는 것처럼 흥분하며 말했다고 한다.

"있잖아~ 혜련이가 교회에 등록하고 예수님을 믿게 되었다!"

거기에 있던 모든 사람들이 마치, 우리나라가 월드컵 4강에 든 것처럼 "우와~~할렐루야! 아멘!"하며 소리치고 얼싸 안고 기뻐했다고 한다.

나도 모르는 사이에 그 사람들은 나를 위해 오랫동안 중보기도를 해 온 것이었다. 그래서, 나를 반갑게 맞아 주는 한 사람 한 사람이 정말 고마웠다. 예배가 시작되자 강대상 왼쪽에 써있는 문구가 내 눈에 들어왔다.

'하나님은 한 사람의 예배자를 찾으십니다'

사실 그 전에 처음 연예인 연합예배에 와서 뛰쳐나갔을 때에도 그 문구가 있긴 했지만 그때는 그것을 읽으며 혼자 비아냥거리며 생각했었다.

'한 사람만 찾는다는데 왜 이렇게 사람이 많아?'

그런데 우측에 또 다른 문구가 내 눈에 들어왔다.

'그 예배자가 바로 당신입니다'

그 문구를 읽는 순간, 온 몸에 전율이 흘렀다.

'그 한 사람의 예배자가 바로 저 군요! 하나님 저도 이제 그 예배자가 되고 싶습니다'

아직도 크게 소리 내어 '아멘'을 하지도 못하고, 두 팔을 벌려 큰 소리로 기도할 용기는 없지만 앞에서 인도해주는 마커스의 찬양에 마음이 따뜻해지며 감사의 마음이 들며 나도 모르게 눈물이 주르르 흘러내렸다.

40년 이상을 하나님이란 존재를 알지도 못한 채, 만신창이가 될 정도로 망가져 살다가 돌아 왔는데 그런 나를 하나님은 돌아온 둘째 아들 탕자처럼 두 팔 벌리고 따뜻하게 맞아주셨다.

그렇게 바깥에서 떠돌아다닌 탕자를 하나님은 버려두었던 것이 아니라 순간 순간을 잠잠히 지켜보고 계셨던 것이다. 돌아오기만을 기다리며!

그 마음을 느끼게 된 순간 주님께 너무도 감사하고 죄송했다. 그렇게 기도하고 있는데 누군가 뒤에서 내 어깨를 잡아주는 손길을 느꼈다. 내가 울고 있으니 성미 언니가 어깨를 감싸 주나 보다 하고 돌아보니 아무도 없었다. 그 때 느낀 건 하나님의 손길이었다. 그 날만 내 어깨를 잡으신 것이 아니라 내가 태어났을 때부터 지금 이 순간까지 한 번도 놓지 않고 잡고 계셨다라는 것을 생각나게 하셨다.

태어난 내가 아들이 아니라고 낳자마자 엎어 놓았을 때도, 어렸을 때 시장에서 추운데 덜덜 떨며 쑥갓을 팔 때도, 밤새워 가며 공장에서 과자를 포장하고 있을 때도, 일본이라는 나라에서 힘들고 괴로워서 죽고 싶었을 때도, 심지어 다른 종교를 믿으며 하나님을 부정했을 때도… 그 손은 나를 단단히 잡고 계셨다. 내가 아버지를 알아보고 만나는 지금 이 시간을 기다리시면서… 잠잠히 인내하시면서 말이다.

'오! 아버지. 세상에… 그 동안 저와 함께 계셨군요! 저는 혼자가 아니었군요!'

이런 깨달음이 들면서, 주체할 수 없는 눈물이 흘러 내렸다.

> 두려워하지 말라 내가 너와 함께함이라 놀라지 말라
> 나는 네 하나님이 됨이라 내가 너를 굳세게 하리라
> 참으로 너를 도와 주리라 참으로 나의 의로운 오른손으로 너를 붙들리라
>
> (이사야 41장 10절)

나는 속으로 하나님께 질문했다.

'아버지! 저를 왜 잡고 계셨어요? 우리 집안에는 아무도 예수를 믿는 사람이 없는데, 왜 저를 선택하셨어요?'

'그냥! 그냥… 이유가 없어. 너를 태초에 세상이 만들어지기 전에 내 자녀로 정한 거야.'

하나님은 나의 질문에 '그냥!'이라고 대답하셨다.

'아브라함을 내 민족의 아들로 삼은 것이 그가 잘생겨서도 뛰어나서도 아니고, 그냥 내가 정한 거야. 너도 마찬가지로 그냥 내가 정한 거야'라고 말씀하시는 것 같았다.

> 야곱아 너를 창조하신 여호와께서 지금 말씀하시느니라 이스라엘아 너를 지으신 이가 말씀하시느니라 너는 두려워하지 말라 내가 너를 구속하였고 내가 너를 지명하여 불렀나니

너는 내 것이라

(이사야 43장 1절)

내가 이세상에 태어나기 전부터 '너는 내 딸이다'라고 정하시고 기다리신 거다. 나는 지금까지 느껴보지 못한 하나님 아버지의 사랑을 느꼈다. 그 사랑은 너무도 든든했다. 세상 부러울 것, 두려울 것이 없었다. 더 이상 말이 필요 없었다.

'하나님! 배신하지 않겠습니다. 성경에서 많은 사람들이 하나님을 배신하고 또 배신하는 것을 봤습니다. 저도 그 사람들과 똑같은 죄인이지만 다윗과 같이 하나님을 중심에 두고 살겠습니다.'

눈물이 하염없이 흘러나왔다. 마커스의 찬양노래가 내 울음 소리를 숨겨주어 고마웠다.

그러나 무엇이든지 내게 유익하던 것을 내가 그리스도를 위하여 다 해로 여길뿐더러 또한 모든 것을 해로 여김은 내 주 그리스도 예수를 아는 지식이 가장 고상하기 때문이라 내가 그를 위하여 모든 것을 잃어버리고 배설물로 여김은 그리스도를 얻고 그 안에서 발견되려 함이니 내가 가진 의는 율법에서 난 것이 아니요 오직 그리스도를 믿음으로 말미암은 것이니 곧 믿음으로 하나님께로부터 난 의라

(빌립보서 3장 7절~9절)

내가 물과 성령으로 세례를 받다니!

2015년 1월 1일.

나는 물과 성령으로 세례를 받았다. 세례를 받는 당일 아침부터 놀라운 감격에 흥분되고 긴장이 되었다. 그 동안 세례를 받기 위해 교회에서 세례 문답교육을 받았을 때에도 아무런 감정이 없었는데, 막상 세례를 받는 당일이 되니, 말할 수 없는 감격이 나를 사로 잡았다. 방송을 할 때나 많은 사람들 앞에서 강연을 할 때 보다 이 날은 훨씬 더 많이 떨리고 긴장이 되었다.

이 날은 나 외에도 열 명 정도가 세례를 함께 받았는데, 세례를 받는 사람들은 성전의 맨 앞줄에 따로 마련된 자리에 함께 앉았다. 세례를 받는 순서가 시작되기 전부터 내 얼굴은 온통 눈물 범벅이었다.

'아~ 내가 물과 성령으로 세례를 받다니!'

눈물로 마스카라는 다 번져서 눈 주위가 검게 변해 버렸다. 그야말로 골룸 분장이 따로 없었다. 남편과 시어머니도 같이 울며 나의 세례를 기뻐해주었다.

세례 순서가 되어 세례를 받는 분들과 앞으로 나가서 순서를 기다렸다. 긴장되고, 떨리고, 눈물은 주체할 수 없이 계속 펑펑 쏟아져 내리고… 드디어 내 순서가 되었고, 목사님 앞에 놓인 의자에 앉았다.

"예수 그리스도를 믿고 구주로 영접한 하나님의 딸 조혜련에게 내가 성부와 성자와 성령의 이름으로 세례를 주노라. 아멘"

죄로 인해 하나님 앞에 나아갈 수 없는 내가 예수님이 대신 희생양이 되어 그 보혈의 피로 구원받게 해 주신 것을 확정 받는 날이었다. 세례를 받기 위해 강대상 앞 쪽에 앉아있으니 벽에 걸린 십자가가 더 크게 보였다. 2천 년 전, 갈보리 산 뙤약볕에 손과 발에 못이 박혀 피를 흘리며 달려 있는 예수님의 모습이 그려졌다.

존귀한 하나님이 스스로 사람이 되어 제자들을 가르치며 사랑하시고 아무 죄 없이 우리 죄를 없애시기 위해 희생되시는 그 마음이 어떠했을까? 그냥 무작정 사랑하시기로 결정하신 그 분 앞에 나는 너무도 죄스럽고 부끄러웠다.

'아! 어떻게 해야 하나… 무얼 해야 하나? 나는 너무도 연약하고 교만한데 하나님께 합당하지 않은 데 말이다.'

내 마음은 복잡하기 그지 없었다.

그 때 하나님이 나에게 아무 걱정하지 말고 내려 놓으라고 나에 대한 모든 주도권을 당신께 맡기라고 하시는 것 같았다.

길에 굴러다니는 돌맹이 같은 나를 하나님이 선택하셨고, 앞으로의 인생에 때로는 아픔을 주고 고통을 주어 잘 깎아 다듬어 쓰시겠다고 하셨다.

> 그러나 내가 가는 길을 그가 아시나니 그가 나를 단련하신 후에는 내가 순금같이 되어 나오리라
>
> (욥기 23장 10절)

세례를 받고 난 후, 나는 매일매일 하루 종일 하나님에 관한 것만 생각했다. 늦게 안 만큼 이제는 시간이 많이 없다고 생각했다.

인터넷에서 목사님들 설교 영상을 찾아보고, 찬양을 듣고, 눈만 뜨면 성경책을 펼쳤다. 어떤 날은 연예인 연합예배에서 만난 김용의 선교사님의 설교영상을 매일 세 개씩 보았다. 참고로 선교사님 설교는 기본이 2시간 정도 되었다. 김용의 선교사님은 술집 아들로 태어나서 힘들게 살다가 요한복음 3장 16절의 말씀을 깨닫고

뒤집어지셔서, 복음을 전하는 일과 선교사 양성에 열정을 쏟으시는 분이다. 아들 다섯 명을 모두 선교사로 만드셨고 '오직 예수'로 삶을 사시는 분이다. 선교사님의 설교를 보다가 나는 조용히 울면서 짐을 쌌다.

저녁 늦게 돌아온 남편은 울면서 짐을 싸고 있는 나에게 뭐하느냐고 물었다.

"자기야. 나는 선교지로 가야 할 것 같아. 나는 너무 이기적인 삶을 살았어. 이렇게 사는 건 하나님의 자녀로 사는 것이 아닌 것 같아. 거기로 가서 복음을 전해야 돼"

그냥 있을 수가 없었다. 이 진리를 아직도 모르고 있는 사람들에게 빨리 복음을 전해야 한다는 마음뿐이었다. 가족들을 전도하기는 너무도 어려우니, 우선 열방에 나가 전해야겠다라는 마음이 들었다. 방송도 다 접고 싶어졌다.

격양된 나를 온유한 마음을 가진 남편은 다독이며 타일렀다.

"자기의 마음은 너무 순수하고 좋은데, 그렇더라도 자신의 일을 모두 팽개치고 모두가 선교지로 가는 것이 하나님께서 원하시는 것인지 잘 구별해야 해. 우리가 해야 할 일이 무엇인지 구하는 기도를 해 보자"

흥분되어서 무작정 짐을 쌌던 나는 다시 짐을 풀고 마음을 다스리게 되었다.

세례를 받고 나서부터 나는 주님을 위해 무엇인가를 해야 할 것 같은 강한 열망에 빠졌다. 하나님에 대해 더욱 알고 싶어졌고, 나의 신앙을 더 키워가고 싶은 마음도 점점 커져 갔다.

'하나님 아버지! 당신의 마음을 더욱 알아가고 싶습니다. 당신을 더욱 사랑하는 딸이 되고 싶습니다.'

예수님! 라이터 좀 켜봐 주세요

나의 열정은 마치 달궈진 냄비처럼 확 달아 올라서 주체가 되지 않을 정도였다. 이 엄청난 진리를 다들 모르고 산다는 것에 대해 답답하고 견딜 수가 없었다. 마음 같아서는 거리로 뛰어나가서 '예수를 믿으시오!'라고 소리소리 지르고 싶었다.

나는 사람들을 만나면 앞뒤 재지 않고 예수님을 전했다. 먼저 만날 사람들의 리스트를 작성한 다음, 한 사람씩 만나서 대화를 나누다가 마지막에는 주제를 나의 간증으로 이끌어냈다. 그 사람들의 의지와는 상관없이 말이다.

그런데 문제는 다들 너무 오랜만이라는 거다. 평상시에 바쁜 핑계 대고 연락도 하지 않다가 만나자 마자 그렇게 일방적으로 복음을 전하자 모두의 반응은 냉담했다. 내가 대학 가려고 할 때 연극영화과를 추천해 주었던 고등학교 세 친구들을 오랜만에 만났다. 학교 다닐 때는 그 친구들이 다 교회를 다녔었는데 여러 가지 사정에 의해 오히려 지금은 마음이 차가워져 있었다. 친구들에게 흥분해서 나의 믿음에 대해 눈에 불을 켜고 침을 튀겨가며 이야기하자 다들 입을 모은 듯이 한마디씩 했다.

"좀 더 지켜보자. 믿음생활이 그렇게 쉬운 게 아냐!"

걱정해주는 마음은 고마웠지만 냉정하게 답하는 친구들이 서운하기도 했다.

한 번은 믿음 생활이 오래된 선배언니와 대화를 나누게 되었다. 나는 하나님의 자녀가 되어 성경을 읽고 기도하는 삶이 너무 좋아 어쩔 줄 모르겠다고 말하자 걱정된다는 듯이 이렇게 말했다.

"믿은 지 얼마 안되었지? 처음엔 다 그래!"

그 때 그렇게 생각했다.

'처음만 이렇게 좋다가 나중에는 식어지는 거라는 건가?'

누나를 따라 연기생활을 시작한 남동생은 나를 잘 따랐다. 예전에는 자주 동생과 만나서 영화나 연기에 대해 몇 시간씩 이야기를 나누곤 했었다. 내가 불교나 다른 철학을 연구할 때는 부딪치지 않았었는데, 크리스천이 되고 예수님에 대해 이야기하자 반발이 심하게 일어났다. 동생이 그랬다.

"성령이 사람에게 잉태되어서 아이가 태어난다는 것도 말이 되지 않고… 지팡이로 바다가 갈라진다는 게 말이 돼? 나 참."

예수님이 죽은 자를 일으켰다는 것도 믿을 수 없고, 결국 십자가에 매달려 죽는 행위에 대해서도 이해할 수 없다고 반박했다.

급기야 우리의 대화는 논쟁으로 이어져서 언성이 높아지기까지 했다. 그러자 남동생은 자기 앞에 있던 라이터를 내 앞에 던지면서 말했다.

"예수가 있다면 지금 당장 라이터 켜보라고 해!"

나는 순간 말도 안 되는 기도를 드렸다.

'예수님! 라이터 좀 켜봐 주세요!'

어떻게 해서든 동생에게 예수님이 살아계신다는 것을 알게 하고 싶은데… 말로는 설득이 잘 안 되니 답답한 마음에 나도 모르게 순간 그런 기도가 나왔다.

물론 라이터는 켜지지 않았지만 나의 간절한 기도는 그 이후에도 계속 이어졌다.

> 우리가 주목하는 것은 보이는 것이 아니요 보이지 않는 것이니 보이는 것은 잠깐이요 보이지 않는 것은 영원함이라
>
> (고린도후서 4장 18절)

그 이후 남동생이 결혼식을 앞두고 나에게 제안을 했다. 본인

결혼식에 '아나까나'라는 노래를 축가로 불러주면 교회에 두 번 나가겠다고.

한 번도 아니고 두 번이라니 그럼 노래를 열 번도 더 불러 줄 수 있었다.

나는 남동생 결혼식에서 한복을 입고 춤까지 춰가며 최선을 다해 '아나까나'를 불렀다. 그 이후 교회를 나오기는 했지만 내가 처음 교회에 가서 썰렁한 분위기로 대한 것처럼 남동생은 잘 받아들이지 않았다. 아직도 나는 포기하지 않고 동생을 위해 기도하고 있다.

전도를 하고 싶은 마음은 굴뚝같으나 그 마음을 받아들이는 사람들의 반응은 내가 생각하는 것과 너무나도 대조적이었다. 냉랭함 그 자체였다.

어느 날은 내 바로 밑의 여동생 아들인 중학교 2학년생 조카와 논쟁도 벌였다. 어릴 적부터 유독 과학책을 열심히 읽어 온 조카는 창조론을 아주 강하게 부정했다.

"우주는 빅뱅이론에서 말하는 대폭발로 생겨난 거에요. 사람은 작은 미생물에서부터 진화되어 진 거구요. 신이 모든 걸 만들었다는 건 말이 안 되요."

이렇게 주장하는 조카의 모습이 과거의 내 모습과 똑 같았다.

'나도 예전에 이렇게 말했겠구나!'

내가 어떤 말을 해도 조카는 과학적으로 맞지 않는다며 귀를 열지 않았다.

태초에 하나님이 천지를 창조하시니라

(창세기 1장 1절)

이 말씀을 어떻게 믿냐는 것이다. 조카의 말 대로 이 말씀이 비과학적 이라면, 이 세상의 모든 과학자들은 하나님을 믿지 않아야 한다. 그러나, 수많은 과학자들이 하나님을 믿는다. 처음에는 믿지 않다가 과학을 깊게 연구하면서 하나님의 존재와 창조론을 믿게 된 과학자들도 많다.

내가 예수를 믿고 세상을 바라보는 시각이 바뀌자 땅과 하늘에 존재하는 모든 것들이 신기하고 신비로웠다. 길가에 핀 들꽃 하나만 봐도 감탄이 절로 나왔다.

가녀린 줄기, 작은 잎사귀, 그 위로 예쁘게 달린 꽃잎들. 뿌리로부터 영양분을 받아서 살아있는 귀한 생명체들…

'하나님은 어쩜 이렇게 디테일 하실까?'

부모님은 나를 낳으셨지만 내 생김새를 직접 디자인하진 않았다. 그랬다면, 난 부모님에게 엄청 따졌을 거다.

"왜 이렇게 대충 디자인했어?" 라고.

부모가 자식의 생김새를 직접 디자인 할 수 있다면, 이 세상 사람들은 모두 키가 크고 예쁘고 잘 생기게 태어날 것이다. 성형외과가 필요 없을 정도로…

하나님을 부정하는 사람들은 삶의 주인은 곧 자기 자신이라고 믿는다. 본인이 모든 걸 판단하고 결정하며 살아가기 때문이다. 그렇다면, '내가 나의 주인이다!'라고 주장하는 사람들은 자신과 관련한 모든 것을 결정했어야 했다. 그러나, 자신의 성별, 외모, 부모님, 인종, 국적 등 정작 본인에게 가장 중요한 것들은 본인 스스로가 결정하지 못 했다. 이것은 곧 내 스스로가 나의 주인이 될 수 없다는 반증이다.

본인이 읽은 과학책 속의 내용을 토대로 내게 반론하는 조카를 바라보니 기도가 절로 나왔다.

'하나님, 언젠가는 저 아이가 당신이 주인임을 깨닫는 때가 올 것을 믿습니다!'

방송국에서 일하는 한 친구와 만났을 때의 일이다. 이런 저런 살아가는 이야기를 하다가 자연스레 종교 얘기로 화제가 바뀌었다. 그 친구는 하나님의 존재도 부정하고 기독교에 대해서도 매우 부정적이었다. 이 친구의 모습 역시 예전의 내 모습과 다르지 않았다.

왜 이 친구에게 이런 벽이 있을까 생각했는데, 이야기를 듣다 보니 이 친구의 가족과 친척 등 주변 사람들이 가진 다양한 종교

행위를 보고 겪은 안 좋은 기억 때문이란 걸 알게 되었다.

한 친척동생은 자기 누나가 죽어가는데 본인이 믿는 종교 때문에 수혈을 거부해서 끝내 죽게 되었다고 한다. 그 상황을 보고 충격을 받은 친구는 더욱 종교에 대해 배타적이 된 것 같았다.

"사람들 얘기 들어보면 다들 자기네 종교가 옳다고 주장해! 그런데, 너네 기독교는 유일신을 강조하면서 특히 더 심하지. 서로 다른 종교도 존중하면 안돼?" 이 말에 논리적으로 반박하고 싶었지만 그게 쉽지 않았다. 그러기엔 나의 성경 지식이 너무 부족하다는 한계를 느꼈다.

예수를 믿지 않거나 다른 종교를 가진 친구들이 내게 질문하는 내용은 거의 비슷했다.

"모든 종교는 다 비슷한 거 아냐? 다른 종교와 기독교의 차이가 도대체 뭐야?"

"왜 기독교는 다른 종교를 인정하지 않아? 왜 꼭 예수만 믿어야 된다고 해? 너무 독선적인 거 아냐?"

"꼭 기독교를 믿어야 진리에 도달하는 거야? 아무 종교나 믿어도 진리에 도달하는 거 아냐?"

그 땐 이런 질문들에 제대로 답변을 못하고 돌아온 것이 참 속상했었다.

그러면서 또 다짐을 하게 되었다.

'더 열심히 성경을 읽고 공부하자!'

종교문제로 토론할 때 잘 반박하기 위해서 꼭 성경을 열심히 읽겠다는 것이 아니다. 예전에 나처럼 무지했던 그들을 위해 전심으로 기도하기 위해서다.

말씀을 읽고 그들을 위해 전심으로 기도할 때, 하나님께서는 우리가 예상하지 못한 놀라운 반전의 기회를 주실 것을 믿는다. 나에게도 그런 기회를 주셨던 것처럼.

얼마 전 교회의 담임목사님께서 주일 설교 시간에 예전에 내가 제대로 대답하지 못했던 질문들에 대한 답을 알려 주셨다.

Q. 다른 종교와 기독교의 차이가 무엇인가?

- 기독교와 다른 종교와의 차이점은 접근 방법이 다른 것이다. 다른 모든 종교는 아래에서 위로 올라가는 것이다. 인간의 힘으로 신을 만나겠다는 몸부림, 이것이 다른 종교들의 기본 개념이다. '내 힘으로 신에게 도달해 보겠다'고 하지만, 사람들마다의 높이 차이가 있을 뿐 근본적으로는 불가능한 것이다. 예를 들어, 지하 갱도에 있는 사람과 에베레스트 산에 있는 사람과 높이의 차이는 나지만, 이들 모두 별나라에 손이 닿을 수는 없는 것이다.

  기독교는 아래에서 위로 올라가는 것이 아니라, 위에서 아래로 내려오는 것이다. 나를 하늘로 올라오라 하지 않고, 하늘에서 내려와 나를 만나 주시는 것이다. 구원을 위하여 무엇을 하라는 것이 아니고, 내가 이것을 했으니 이것을 믿고 받아들이라고 하는 것이다.

이렇게 다른 종교와 기독교의 구원의 방법은 정반대이다. 다른 종교는 내가 올라가 보려는 '자력구원'이지만, 기독교는 하나님이 내게 내려와 만나주시는 '타력구원'이다. 이 두 가지 중 어느 것이 실현 가능한 것인가?

Q. 왜 기독교는 다른 종교를 인정하지 않는가?

- 초등학교 산수시간에 선생님이 문제를 내었다.

"7 곱하기 8은 무엇이냐?" 답은 한가지이다. 바로 56이다.

모든 학생들이 정답을 썼는데, 두 학생만 다른 답을 적었다.

한 학생은 55라고 썼고, 또 한 학생은 46이라고 썼다. 이 두 학생은 모두 0점 처리를 받았다. 이 중 55라고 답을 적은 학생이 선생님을 찾아와 항의를 했다.

"저는 정답에서 1밖에 차이 안 났는데, 왜 10이나 차이 나는 친구와 저에게 똑같이 0점을 주셨나요?"

그러자, 선생님이 말했다.

"정답은 56 하나다. 정답이 아닌 것은 다 틀린 거야"

기독교가 다른 종교에 대해 관용이 없는 것이 아니다. 관용의 문제가 아니라 정답을 아느냐 모르느냐의 문제이다.

기독교는 56이 정답이라는 것을 알고 있기 때문에 그 외에 것은 안 된다는 것이다. 그러나, 다른 종교는 100이 되도 괜찮고, 1000이 되도 괜찮고 틀린 것이 아니라는 것이다.

Q. 산 정상을 올라갈 때 아무 길로나 올라가면 되듯이, 꼭 기독교가 아니더라도 진리에 도달하는 것 아닌가?

- 산 정상을 올라갈 때 아무 길로나 올라가면 되는 것은 맞다. 단, 이 말에는 전제가 있다. 산 정상이 동일하다는 전제이다. 그래서, 이 말을 종교에 대입하는 것은 맞지 않다. 각 종교에서 말하는 신이 다 다르기 때문이다.

종교는 담이 쳐져 있는 울타리의 문과 같은 것이다. 예수님은 "나는 양의 문이다!"라고 하셨다. 양이 담이 쳐져서 막힌 울타리 안으로 들어가려면, 반드시 문으로 들어가야 한다.

예수님께서는 말씀하셨다.

"내가 곧 길이요 진리요 생명이니 나로 말미암지 않고는 아버지께로 올 자가 없느니라"

이제 하나님의 시간표가 된 것 같다!

2016년 9월, 한 기독교 방송의 간증프로그램에서 출연 섭외가 들어왔다. 작가님이 나와 같은 교회를 다니시는데, 내가 세례를 받는 날 마스카라 범벅을 하며 우는 내 모습을 보고는 꼭 섭외를 해야겠다 마음을 먹었다고 한다.

나중에 들은 이야기지만 내가 그 프로그램에 나가기까지 몇 번의 스텝 회의가 있었다고 한다.

기독교 방송국 관계자분 들이 내가 기독교인이 된 것을 모르시는 분이 많아서 확실한 검증이 필요하다는 것이었다. 그도 그럴 것이 그 전에 믿었던 종교의 대표 연예인으로 워낙 알려졌기 때문이었다.

작가님의 오랜 기도와 설득 그리고 하나님의 허락하심으로 녹화가 결정되었다. 우리 부부는 그 방송 녹화 날이 잡히고 난 후, 이 방송을 위해 집중적으로 기도했다. 기도 중에 하나님께서 나에게 주신 마음은 지금도 잊을 수 없다.

'너는 이해하지 못하겠지만, 나는 한 영혼을 이 세상 온 천하와 바꿀 수 없다. 그만큼 한 영혼이 너무도 소중하다. 그래서 그 한 영혼을 구하는 것을 나는 가장 기뻐한다. 녹화를 할 때 겸손히 너의 자랑을 내려놓고 네 목숨이 구해진 것처럼 너도 오직 한 영혼을 구하는 마음으로 해라'

그 마음은 녹화 내내 내 머리 속에 계속 맴돌았다. 카메라 뒤에서 남편도 녹화가 끝날 때까지 두 손 모아 기도하고 있었다.

녹화가 진행되는 동안 나는 너무도 신기한 경험을 했다. 녹화 내내 하나님이 내 입에 할 말을 넣어 주시고 나는 그 말을 전달하기만 하면 되었다. 그날 그렇게 무사히 녹화를 마쳤고, 얼마 후에 내가 출연했던 프로그램이 전파를 타고 방송되었다.

그런데, 정말 예상하지 못한 기적이 일어났다.

그 방송이 나간 후, 나의 바람과 기도대로 구원된 한 영혼이 우리 친정 가족 중에서 나온 것이다. 그 영혼은 바로 내 대학 등록금을 내 준 둘째 언니였다. 언니가 나에게 이런 문자를 보내왔다.

"혜련아! 너의 간증프로를 다 봤어. 54년 동안 주위에서 많은 종교를 권유해왔지만 난 한번도 마음을 열지 않았다. 그런데 방금 너의 간증을 보는데 정말 내 가슴이 뭉클했어."

그리고 그 다음 기가 막힌 말을 썼다.

"이제 하나님의 시간표가 된 것 같다."

'하나님의 시간표'

우리가 알지 못하는 하나님의 시간표!

성경을 보더라도 각자의 그 시간표는 다르다.

창세기에서 아브라함이 이삭이라는 아들을 가진 때도 젊을 때가 아니라 100세가 되어서였다.

출애굽기를 보면 모세가 애굽에서 왕자가 되었어도 이스라엘 민족을 이끄는 리더로 삼기 위해 광야에서 40년을 양을 치며 버텨야 했다.

민수기를 보면 가데스바네아에서 이스라엘 민족들이 가나안 땅을 정탐하러 갔다가 돌아와 두려워 떨며 '그곳은 사는 사람들은 거인이고 우리는 메뚜기 같은 작은 존재다. 우리는 그들을 이길 수 없다'라고 했을 때 하나님은 그들에게 38년이라는 시간을 기다리게 하며 여호수아와 갈렙 외에는 아무도 가나안 땅에 들어 가지 못하게 하셨다.

남유다도 70년이라는 포로 생활을 끝내었을 때 예루살렘으로 돌아 올 수 있었다. 사도 바울이 다메섹에서 예수님을 만난 시간도 어릴 때가 아니라 하나님이 정한 시간이었다.

그러고 보면 내 인생의 하나님의 시간표는 내가 태어난 지 44년이 지난 후였다. 둘째 언니도 54년이라는 시간이 흐른 뒤에야 하나님의 시간표에 다다른 것이다.

언니는 곧바로 이어서 이렇게 문자를 보내 왔다.

"주일 11시반 예배니? 그 때 교회에 갈게!"

'할렐루야… 아멘!! 주님… 감사합니다.'

그 때의 감동을 어떻게 다 표현할 수 있을까?

다윗이 사무엘하 6장에서 하나님의 언약궤를 무사히 이스라엘로 가지고 올라왔을 때 왕임에도 불구하고 너무도 기뻐서 누가 보고 욕하든 말든 길거리에서 어린아이처럼 덩실덩실 춤을 춘 그 마음을 알 것 같았다.

> 다윗이 여호와 앞에서 힘을 다하여 춤을 추는데 그 때에 다윗이 베 에봇을 입었더라 다윗과 온 이스라엘 족속이 즐거이 환호하며 나팔을 불고 여호와의 궤를 메어오니라
>
> 여호와의 궤가 다윗 성으로 들어올 때에 사울의 딸 미갈이 창으로 내다보다가 다윗 왕이 여호와 앞에서 뛰놀며 춤추는 것을 보고 심중에 그를 업신여기니라
>
> (사무엘하 6장 14절~16절)

그리고 주일에 진짜 둘째 언니가 교회에 나왔다. 예쁘게 생긴 언니는 나와는 정말 생긴 것도 다르게 선이 곱고 여성스럽다. 나는 워낙 엄마 뱃속부터 남자아이로 키워져서 남성스럽지만 언니는 다르다. 이렇게 예쁜 언니가 오늘은 더 예뻐 보였다.

옆 눈으로 힐끗힐끗 쳐다보니 생애 처음 참석하는 예배인데도 불구하고 언니는 예배가 끝나는 시간까지 진지하게 경청했다.

나는 뛸 듯이 기뻤다. 8남매 중에서 하나님을 믿는 사람이 나 혼자였는데 둘이 되니 천군만마를 얻은 기분이었다. 그 다음 주 언니를 위한 성경책을 준비해서 선물로 주었다. 언니는 고맙다며 그 성경책을 꼬옥 가슴에 안았다.

그 후 언니는 매 주일 마다 교회에 나왔다. 매주 옆에서 함께 예배를 드리다 보면, 목사님의 설교를 들으며 언니가 눈물을 훔치는 모습도 보게 되었다.

'언니가 내 옆에서 함께 예배를 드리게 되다니!'

가끔 이것이 '꿈인가 생시인가' 하는 생각이 들 정도로 정말 기뻤다. 내가 이렇게 기쁜데, 하나님은 얼마나 더 기쁘실까 라는 생각이 들었다.

'하나님도 기쁘시죠? 제가 당신께 돌아왔을 때처럼, 언니가 돌아온 것이 기쁘시죠? 하나님, 감사합니다!'

66주간,
1[illegible]을
사랑하다

이 책을 놓지 않겠습니다!

내가 처음 교회에 등록했다고 성미 언니한테 이야기 했을 때, 성미 언니는 나에게 이렇게 당부했다.

"예수님을 믿으면 은사를 받게 될 수도 있어. 방언을 하는 사람도 있고, 대언을 하는 사람도 있고, 병을 고치는 사람도 있어. 하지만, 이런 은사가 없더라도 실망하지마. 대신 그리스도인으로서 가장 뛰어난 능력은 성경을 읽어내는 거야. 그러니까, 성경을 열심히 읽고 공부해"

예수님을 영접하고, 교회를 꾸준히 다니면서 나는 성미 언니의 당부대로 성경을 열심히 읽으려고 노력했다. 처음에는 내용이 너무 어려워서 잘 읽어내기가 쉽지 않았다. 그래서, 이런 생각이 떠올랐다.

'아! 그래서 크리스천들이 교회를 다니면서도 성경을 안 읽는구나!'

어느 날은 남편 앞에서 성경을 읽다가 혼잣말처럼 얘기를 했다.

"휴~~성경을 읽긴 하는 데, 무슨 말인지 잘 이해가 안 되네."

남편 앞에서 성경이 어렵다고 했더니, 이런 내가 기특하기도 하고, 안타깝기도 했던지 남편은 다음 날 기독교 서점에서 성경읽기에 도움이 될 만한 책들을 사다 주었다.

성경에 나오는 지역들을 지도로 설명해 놓은 책, 성경 내용을 만화로 구성한 책, 그리고 각종 신앙 서적 등등.

남편이 사다 준 책 중에서 가장 인상적이었던 것은 '왜 예수인가?'라는 책이었다. 뉴스 앵커도 하시고 방송사 사장도 하셨던 분이 늦은 나이에 목사님이 되셔서 쓴 책이었다. 그 분은 바로 연예인연합예배를 이끌어 주시는 베이직교회의 조정민 목사님이시다. 목사님의 나이가 47세였던 해의 어느 날, 새벽기도 가는 아내를 미행해서 교회에 잠입했다가 기적처럼 예수님을 영접하게 된다. 평소 불교 신자였던 목사님은 자신의 아내가 빠진 기독교를 고발하는 방송을 만들려고 교회의 새벽예배를 몰래 취재하며 설교를 듣다가 갑자기 눈물을 흘리면서 성령의 임재를 체험하게 된다. 그리고는 늦은 나이에 신학을 공부하시고 목사님이 되셨다. 정말 놀라운 반전이다!

남편이 사다 준 책들을 참고 하면서 성경을 읽었더니, 어려웠던 성경의 내용이 조금씩 이해가 되어 갔고, 성경을 읽어 나가는 속도와 진도도 점점 빨라지기 시작했다. 중간 중간 이해가 잘 안 되는 부분도 있었지만, 그래도 성경 읽기가 점점 재미있어졌다. 이렇게 나는 성경읽기에 푹 빠져가고 있었다.

그 때 즈음, 성미 언니가 내게 연예인들이 모여서 하는 성경공부 모임들을 소개시켜 주었다. 감사하게도 주내힘교회 김남국 목사님을 비롯해 훌륭하신 목사님들께서 성경을 가르쳐 주시고, 이끌어 주시는 모임들이었다. 동료, 선후배 연예인들과 함께 성경도 배우고, 자주 얼굴도 볼 수 있으니 참 좋았다.

그리고, 또 어느 날 성미 언니가 나에게 제안을 하나 했다.

"기독교 방송에서 하는 프로그램인데… 목사님한테서 성경 배우는 거야. 난 출연할 건데… 너도 같이 할래?!"

나는 언니의 제안을 흔쾌히 수락했고, 성미 언니와 송정훈 아나운서가 진행하는 프로그램에 조명환 교수님과 내가 패널로 출연하게 되었다.

이 프로그램을 통해 만난 분이 바로 '성경과 5대제국'의 저자이신 통박사 조병호 목사님이다. 첨 목사님을 뵈었을 땐, 높이 세우신 앞머리만 보였다. 그러나, 시간이 지날 수록 그 분이 가지고 계신 성경에 대한 깊은 이해와 사랑을 느낄 수 있었다. 조병호 목사님을 통해 알게 된 '바이블칼리지' 인터넷 강의 100강을 여러 번 들으며 역사 순으로 정리된 성경을 통으로 읽어 나갔다.

그리고 어느 날 남편이 '어! 성경이 읽어지네'라는 이애실 사모님의 성경 강의와 미국의 주님세운교회를 담임하시는 박성규 목사님의 성경 강의도 들어보라고 내게 소개하였다. 또, 어느 기독교방송 작가님이 '말씀선교장로교회' 이해원 목사님의 성경강의도 소개해 주었다. 이 분들의 강의도 너무 좋아서 여러 번을 반복해서 들었다.

그러자, 그 동안 성경을 읽긴 했어도 어려워서 잘 이해하지 못했던 부분들이 이해되기 시작했고 점점 성경에 대해 눈이 떠 지기 시작했다. 그리고, 성경을 읽는 것이 재미있고 즐거워졌다.

내가 느낀 성경은 마치 겨울에 얼어있는 호수와 같다. 난생 처음 호수를 보는 어린 꼬마에게 표면이 차갑고 딱딱한 겨울 호수 위의 얼음을 보여 준다면, 그것이 호수 본래의 모습이라고 인식할 것이다. 하지만, 두꺼운 얼음을 깨고, 또 깨고, 또 깨면… 맑은 진짜의 호수가 나오게 된다. 이처럼 성경도 읽고, 또 읽고, 또 읽었을 때… 그 속에 있던 진짜 참 진리를 깨닫게 되는 놀라운 경험을 하게 된다.

사실 교회를 다니면서 내가 알게 된 건 성도들이 성경책은 들고 다니는데 잘 읽지는 않는다는 거였다. 주일날 성경을 들고 가서 목사님이 해 주는 설교 말씀에 따라 성경 구절을 읽고 찬송가를 부르는 데 사용하긴 하지만, 평상시에 따로 시간 내어 성경을 계속해서 읽는 사람이 많지 않다는 것을 알게 되었다. 나도 처음엔 성경책을 내 스스로 들쳐보기가 쉽지 않았다. 하지만 너무도 그 내용이 알고 싶은 마음이 간절해 지면서 어떻게든 일독을 해보아야겠다는 오기가 생겼다. 그래서 그 동안 읽던 다른 책들을 다 내려놓고 성경만 읽기로 마음먹었다. 그리고 행동으로 옮겼다. 먼저 어디를 가든지 성경책을 꺼내서 손에 들고 다녔다. 찜질방이든 커피숍이든… 시간만 나면 성경을 펴서 작은 소리로 읽기 시작했다. 내용을 전혀 모르는 부분도 그냥 읽었다.

나는 지금도 찜질방에 갈 때 성경책을 들고 간다. 찜질방에서는 성경책을 잃어버릴 염려가 없다. 어디에 놓아두어도 아무도 그것에 관심이 없는 것 같다. 핸드폰은 항상 몸에 지녀야 할 정도로 분실이 잘되는 것과는 전혀 달랐다. 땀을 쪽 빼고 나와서 성경책을 펼쳐 들었을 때는 왠지 더 머리 속에 잘 들어오는 것 같았다. 읽을 때의 그 맛을 알면 아마 놓을 수 없을 것이다. 그런데 너무도 신기한 건 나 외에 성경책을 들고 다니며 읽는 사람을 찾는 것은 쉽지 않다는 것이다.

성경에 얽힌 웃픈 일화를 하나 들은 것이 있다.

교회를 다니는 친구와 교회를 다니지 않는 친구가 있었는데 둘이 주일에 우연히 길에서 만나게 되었다. 교회를 다니는 친구에게 교회를 다니지 않는 친구가 말을 걸었다.

"교회 가냐?"

"응"

"근데 성경책은 왜 가지고 가냐?"

"교회 가니까 성경책을 가지고 가지!"

"너 교회 다닌 지 50년 되었다며?"

"맞아, 한 50년 되었지!"

그 때 교회 다니지 않는 친구의 대답이 기가 막히다.

"50년 다녔다면서 아직도 그걸 못 외웠어?"

생각해보면 이 말에도 일리가 있다. 50년 동안 교회를 다니고 믿음의 생활을 했다면, 성경 전체는 아니더라도 많은 부분을 외울 수도 있겠다는 생각도 든다.

실제로 성경을 몇 천 절을 외우는 사람도 있고, 10,000절 까지 외우는 사람도 있다는 사실을 최근에 들어서 알게 되었다.

성경을 한참 읽을 때는 우연히 크리스천들을 만나면 초신자 임에도 불구하고 내가 먼저 성경에 대해 입을 떼곤 했다. 내가 흥분해서 이야기를 하고 있으면 믿음 생활이 한참 된 분들은 대게 이렇게 말했다.

"믿은 지 얼마 안 되었지? 처음엔 다 그래!"

그 말에 적잖이 충격을 받았다. 처음만 이렇게 하나님을 알려고 열심히 하다가 나중에는 안 하게 되는 건가? 그러면서 속으로 조용히 하나님께 다짐했었다.

'하나님! 시간이 오래 지나더라도 이 책을 놓지 않겠습니다.'

한 번은 모태신앙으로 아주 신실한 자매님과 대화를 하게 되었다. 내가 그때 즈음 사도행전 중에 스데반의 죽음 부분을 읽고 있어서 그 이야기를 하게 되었다. 내가 먼저 운을 뗐다.

"스데반이라는 분은 정말 대단한 거 같아요!"

그 때 그 분이 고개를 끄덕이며 이렇게 말했다.

"맞아요 구약 선지자! 진짜 하나님의 마음을 잘 전하시는 선지자죠!"

참고로 스데반은 예수님이 부활하시고 제자들에게 성령이 임하여 모두가 복음을 전파할 때 목숨 걸고 활동한 성도이다. 스데반의 죽음으로 인해 제자들이 예루살렘을 떠나 다른 이방으로 흩어져서 복음을 전하게 되는 계기를 만든 사람이기도 하다.

성경에는 정말 인물도 많이 나오고 역사적인 흐름도 많이 얽혀 있으니 제대로 여러 번 읽지 않으면 정말 헷갈릴 수도 있겠단 생각도 들었다. 그래서, 그 때 난 다짐했다.

'하나님의 말씀인 성경이 제대로 이해될 때까지, 읽고 또 읽으리라!'

> 풀은 마르고 꽃은 시드나 우리 하나님의 말씀은 영영히 서리라 하라
>
> (이사야 40장 8절)

하나님, 제가 교만하지 않게 해 주세요!

한 번은 교회에서 전도사님(지금은 목사님이 되셨다)이 진행하시는 '예수님 따라 살기'라는 세미나에 참석했다.

사복음서에 나와 있는 예수님의 삶을 공부하면서 실천하자는 취지의 수업이었다.

예수님의 모습을 마치 옆에서 지켜보는 것처럼 이야기해주셨다. 가장 인상적이었던 것은 '예수님은 언제나 기도하셨다'는 것이었다. 예수님도 제자들을 위해, 병자들을 위해, 진심으로 눈에서 피가 나도록 기도하시는데 정작 죄인인 나는 기도를 하지 않는 것이 부끄러웠다.

또, 사복음서의 예수님은 언제나 가난한 자와 병자와 세리 같은 힘없고 멸시 받는 사람들을 챙기셨다. 나는 그 동안 살면서 나보다 더 나은 삶을 사는 사람들을 만나려 했고 동경해왔다. 예수님과 나의 사람을 바라보는 가치관이 너무도 다름을 알게 되었다.

예수님을 따라 사는 삶이 예수 그리스도인의 삶인데 나는 그와 반대되는 삶을 살아오고 있다는 것을 더 느끼게 되었다. 그 마음을 털어놓자 전도사님은 이렇게 말씀해 주었다.

"예수님에 대해 기록해 놓은 것이 성경이에요. 성경의 내용을 더 잘 알게 되면 예수님을 더 사랑하게 되죠. 예수님을 알려면 신약 뿐 아니라 구약에서부터 다 아는 것이 중요합니다. 성경이 어렵다고 생각하지 말고 내가 그 순간 같이 있다라는 느낌을 가지고 읽으면 어떨까요?"

이것이 계기가 되어 전도사님은 남편과 내가 성경을 읽어나갈 수 있도록 일 주일에 한 번 시간을 따로 내어서 성경 과외공부를 해 주셨다. 전체 성경의 흐름을 아주 재미있게 설명해주셨다. 그 때 들었던 설명 중에 가장 기억에 남는 것을 꼽아 본다면, 레위기 16장의 내용이다.

지성소에 대제사장이 일년에 한번 방울을 달고 끈을 묶고 들어가는 이유는 아무나 들어가서는 안 되는 신성한 지성소에 대제사장이 들어갔다가 만일 죄 사함을 받지 못해 죽게 될 경우, 끈을 당겨서 그 시체를 끌어내기 위함이다. 신약에서 예수님이 십자가 위에서 마지막에 "다 이루었도다"하며 숨을 거두셨을 때, 지성소의 휘장이 찢어진 이유에 대해서도 알게 되었다.

거룩하지 못하면 하나님께 절대 나아오지 못하는 사람들은 죄 하나에 양 한 마리를 번제물로 바쳐야 했다. 그런데 이제 예수님의 십자가의 보혈의 피로 단 번에 죄 사함을 받고 우리가 직접 하나님을 만날 수 있는 특권을 가지게 하신 것이다. 그러나 사두개인과 바리새인들은 예수님의 피로 다 끝난 일을 자신들의 밥벌이를 위해 지성소와 성소 사이의 찢어진 휘장을 다시 바늘과 실로 엮어서 제사를 지내며 돈벌이를 하는 사실도 알게 되었다.

구약과 신약을 접목하며 설명을 듣고 다시 읽으니 그 비밀이 하나씩 풀리는 듯 했다. 아브라함이 하나님의 명령에 순종해 100세에 낳은 아들 이삭을 번제물로 바치고 결국은 하나님이 아브라함의 진실한 마음을 알고 이삭대신 숫양을 준비해 살려내게 하는 사건은 하나님이 우리 죄를 용서하시기 위해 자신의 아들 예수를 번제물로 바치는 것으로 연결이 된다.

아버지가 요셉을 편애하자 시기 질투하여 죽이려고 하자 유다가 그를 살리기 위해 애굽에 팔자고 하고 결국 애굽으로 팔려간 요셉은 하나님의 보살핌으로 총리가 되고 자기 형제와 아버지를 돌보며 70명을 애굽에서 살게 해서 이스라엘 민족을 만들게 하는 내용, 다윗의 이야기, 다니엘, 예레미야, 에스겔 등등 성경이 들어오기 시작했다.

그렇게 성경을 읽어나가면서 나는 또 다른 죄를 짓고 있었다. 교회를 다니면서 성경을 읽지 않고 또 행동을 똑바로 하지 않는 권사님이나 집사님, 심지어 문제가 있는 교회들을 내 입으로 정죄하기 시작했다.

'어떻게 교회 다닌다는 사람들이 저렇게 행동하지? 어떻게 성경을 읽지도 않지? 진짜 이해가 안돼!'하며 고개를 절레절레 흔들며 나는 그렇지 않다고 그 사람들과 구분 지었다. 마치 성경에 바리새인이 기도하는 세리를 쳐다보며 그 사람과 다른 것에 감사하는 간사한 모습과도 같이 말이다.

> 또 자기를 의롭다고 믿고 다른 사람을 멸시하는 자 들에게 이 비유로 말씀하시되 두 사람이 기도하러 성전에 올라가니 하나는 바리새인이요 하나는 세리라
>
> 바리새인은 서서 따로 기도하여 이르되 하나님이여 나는 다른 사람들 곧 토색, 불의, 간음을 하는 자들과 같지 아니함을 감사하나이다. 나는 이레에 두번씩 금식하고 또 소득의 십일조를 드리나이다 하고
>
> 세리는 멀리 서서 감히 눈을 들어 하늘을 쳐다보지도 못하고 가슴을 치며 이르되 하나님이여 불쌍히 여기소서 나는 죄인이로소이다 하였느니라.
>
> (누가복음 18장 9절~14절)

나는 바리새인들처럼 교회를 다니면서 성경을 읽지도 않는 사람들과 나는 다르고 구별 되어진 특별한 존재라는 강한 자부심을 느끼며 우월해했다.

하나님은 그런 나를 엄중히 혼내셨다.

그 날도 성미 언니가 사준 하얀 십자가 아래에서 혼자 소리를 내며 성경을 읽고 있었다.

'엘리야처럼 무릎과 무릎 사이에 네 머리를 넣어라!'

갑자기 한 번도 생각해보지 않은 그런 말이 내 머리 속에 떠올랐을 때, 나는 당황하며 강한 그 이끌림에 나는 옛 선지자 엘리야처럼 머리를 무릎과 무릎 사이에 넣었다.

> 엘리야가 갈멜산 꼭대기로 올라가서 땅에 꿇어 엎드려 그의 얼굴을 무릎 사이에 넣고
>
> (열왕기상 18장 43절)

'네가 성경을 읽고 있다면 느낄 것이다. 내가 가장 싫어하는 것은 바로 자기의 목을 꼿꼿이 들며 남을 비판하는 교만이다. 너는 특히 그 마음이 강하다.

그 교만한 마음을 버려라. 오늘부터 매일 너의 교만을 없애는 것에 대해 기도해라'

하나님이 원 가지들도 아끼지 아니 하셨은즉 너도 아끼지 아니하시리라
그러므로 하나님의 인자하심과 준엄하심을 보라. 넘어지는 자들에게는 준엄하심이 있으니 머물러 있으면 그 인자가 너희에게 있으리라. 그렇지 않으면 너도 찍히는 바 되리라

(로마서 11장 21절~22절)

그렇게 하나님은 나보다 나를 더 잘 아신다. 나의 가장 약한 아킬레스건은 교만이다. 남을 보면 바로 판단하고 정죄하고 없애서 스스로 높이려는 마음이 너무도 강하다.

그 후 하나님은 매일 나에게 그 기도를 하게 하셨고, 조금이라도 교만해지거나 머리를 빳빳이 들면 가차없이 채찍질하시며 혼내셨다. 여러 가지 상황을 통해서 말이다.

그래서, 나는 기도하고, 또 기도할 수 밖에 없다.

'하나님, 제가 교만하지 않게 해 주세요!'

언니, 왜 울어?

교회를 나오기 시작한 둘째 언니를 정말 잘 이끌고 싶다는 강한 바람이 들었다.

'늦게 하나님을 알게 된 이 언니에게 무엇을 해 주면 좋을까?'

그 때 함께 성경을 읽어야겠다 라는 생각이 들었다. 내가 처음 교회를 나가기 시작했을 때 성미 언니가 나를 이끈 것처럼.

어떻게 하면 둘째 언니에게 모두가 읽기 어려워 하는 성경을 읽게 할 수 있을까를 고민하고 있을 즈음, 하나님이 기가 막힌 아이디어를 나에게 떠올리게 하셨다.

'성경을 카톡으로 녹음해서 보내기'

나는 그 전에 일본 진출을 위해 일본어를 공부하고 나서 또 욕심이 생겨 중국어를 공부했다. 1년 2개월동안 중국어를 전공한 내 밑의 여동생에게 매일 세 시간씩 중국어를 공부하고 HSK(한어수평고시)5급을 땄었다. 그렇게 중국어를 알게 된 나는 그 후에 여동생이 운영하는 중국어학원에서 연예인들과 일반인들에게 기초 중국어를 가르쳤었다.

중국어에는 1성부터 4성까지의 네 가지 성조가 있는데, 중국어를 처음 배우는 우리나라 사람에게 바로 이 성조는 낯설고 어려운 부분이다. 여동생은 중국어학원을 운영하면서 학생들에게 중국어 성조를 습득하는 방법 중 하나로 '중국어문장을 카톡으로 녹음해서 보내기' 숙제를 내주고 있었다. 학생들이 중국어문장을 카톡에 녹음해서 숙제로 보내오면, 그것을 듣고 발음, 성조의 틀린 부분을 체크해 주는 방식이었다. 그 방법은 매우 효율적이어서 아주 반응이 좋았다.

언니가 성경을 읽을 수 있도록 이끌어 주려고 마음 먹었을 때, 바로 이 '카톡녹음방식'이 떠오른 것이다. 사실 성경을 처음 읽으면 발음도 어렵고 내용도 어려워서 집중이 안되지만, 본인이 스스로 자신의 목소리를 녹음해서 다른 사람에게 들려줄 때는 최선을 다해서 읽어야 하니까 집중이 더 잘 될 수 있다.

언니에게 말했다.

"언니, 매일 하루에 성경을 다섯 장씩 읽자. 그리고, 각자 성경을 소리 내서 읽는 걸 녹음해서 단톡방에 올리자. 주일은 쉬고 월요일부터 토요일까지 6일, 그러니까 매주 30장씩 읽는 거야! 그렇게 하면 10개월만에 일독을 할 수가 있어! 그럼 내일부터 창세기 1장에서 5장까지 읽는 걸 녹음해서 올리는 거야. 알겠지? 화이팅!"

시험적으로 내가 해보니 다섯 장 읽는데 20분에서 30분정도가 소요되었다. 처음 읽으면 무슨 말인지 모를 수도 있고 발음도 어렵지만 그냥 일단 읽어 나가자고 했다.

다음날 언니는 약속대로 창세기 1장부터 5장을 녹음해서 올렸다. 그 다음날은 창세기 6장부터 10장까지… 이렇게 언니와 나는 매일 성경을 다섯 장씩 소리 내어 읽어 나갔고, 그걸 녹음해서 단톡방에 올렸다.

처음엔 발음이 어려워서 녹음하기 전에, 열 일곱번을 연습한 적도 있다고 했다. '브살렐, 오홀리압, 마할랄렐 등 한국 사람에게는 생소한 이름과 지명과 단어들이 쏟아져 나오지만 그냥 읽어나갔다.

언니가 성경읽기를 시작한 지 5일째 되는 날이었다. 창세기 22장을 읽고 녹음한 뒤 언니가 단톡방에 쓴 글을 보고 풋! 하고 웃었다.

"아브라함은 100세에 얻은 아들 이삭을 하나님께 순종해서 번제물로 바친다. 하지만, 나는 우리 아들 상욱이를 번제물로 바칠 수 없을 것 같다."

너무 순수한 마음이 귀여웠다. 그렇게 창세기는 넘어갔다. 성경 녹음을 이어가던 어느 날, 언니에게서 문자가 왔다.

'출애굽기 25장부터는 너무 어렵고 무슨 말인지 잘 모르겠어'

역시 어려운 부분은 누구에게도 똑 같은 거였나 보다.

나는 그냥 쭉쭉 읽어나가라고 했다. 레위기를 읽을 때에 언니가 또 다시 단톡방에 이렇게 글을 올렸다.

"레위기 제사는 너무 어렵다. 차라리 한국 제사가 더 쉽다."

그렇게 레위기를 넘기고, 민수기, 신명기를 지나 계속 성경을 읽어 나가고 있었다. 그러다가 시편을 읽던 어느 날, 녹음한 언니의 목소리를 듣는데 울먹울먹하며 읽는 소리가 들렸다.

그 이후에 호세아서 부분에서 언니는 또 흐느끼며 울다가 읽기를 반복하기도 했다.

그러다가, 예레미야애가 3장을 읽을 때 언니는 울음을 참지 못하고 거의 오열에 가까운 수준으로 울음을 터뜨렸다.

"… 스스로 이르기를 나의 힘과 여호와께 대한 내 소망이 끊어졌다 하도다. 내 마음이 그것을 기억하고 내가 낙심이 되오나 이것을 내가 내 마음에 담아두었더니 그것이 오히려 나의 소망이 되었사옴은 여호와의 인자와 긍휼이 무궁하시므로… (훌쩍)… 우리가 진멸되지 아니함이니이다… (흑흑)…

주께서 인생으로 고생하게 하시며 근심하게 하심은 본심이 아니로소이다… (흑흑)… (엉엉)…"

나는 너무 놀라기도 하고, 어이도 없고 해서 언니에게 전화를 걸어 물었다.

"언니, 성경 녹음 하다가 왜 울어?"

그랬더니 언니가 이렇게 답했다.

"사람들을 이해할 수가 없어. 하나님이 자기들을 위하여 그렇게 돌보아 주시는데 믿는다고 하면서 배신하고 또 배신하고 또 배신하는 그 사람들을 말이야. 그리고 그런 사람들을 용서하기 위해 가슴 아파하는 하나님을 보며 너무 마음이 아파. 나도 그런 나쁜 사람 중에 하나겠지?"

'이게 웬일인가?'

생애 54년만에 그렇게 어려운 성경을 처음 읽는데 언니는 하나님의 마음을 알아가고 있었다.

우리는 신약으로 넘어가고 있었다. 마태, 마가, 누가, 요한복음을 읽고 또 언니는 우는 소리로 녹음했다. 나는 또 다시 언니에게 전화를 걸어 왜 우느냐고 물었다.

"십자가의 사건 때문이야"

"십자가의 사건이라니?"

"하나님이 어쩔 수 없는 인간들을 용서하고 싶으셔서 아브라함이 이삭을 번제물로 바친 것처럼 아무 죄 없는 당신 자신의 아들을 십자가에 매달아 우리를 살리시려는 그 마음에 너무 감사하고 미안해서… 흑흑" 그렇게 하나님의 마음이 성경을 소리 내어 읽는 언니의 마음에 전해지기 시작한 거다.

요한복음 21장 부활하신 예수님이 조반을 차려놓고 시몬 베드로에게 '나를 사랑하느냐?'고 세 번 물으시는 예수님의 모습에 언니는 또 녹음하면서 더 울었다.

> 그들이 조반 먹은 후에 예수께서 시몬 베드로에게 이르시되 요한의 아들 시몬아 네가 이 사람들보다 나를 더 사랑하느냐 하시니 이르되 주님 그러하나이다. 내가 주님을 사랑하는 줄 주님께서 아시나이다 이르시되 내 어린 양을 먹이라 하시고
> 또 두 번째 이르시되 요한의 아들 시몬아 네가 나를 사랑하느냐 하시니 이르되 주님 그러하나이다 내가 주님을 사랑하는 줄 주님께서 아시나이다 이르시되 내 양을 치라 하시고
> 세 번째 네가 나를 사랑하느냐 하시므로 베드로가 근심하여 이르되 주님 모든 것을 아시오매 내가 주님을 사랑하는 줄을 주님께서 아시나이다 예수께서 이르시되 내 양을 먹이라
>
> (요한복음 21장 15절~17절)

이제 부활하신 예수님이 이 세상에서 제자들만 남겨 두고 떠나실 때, 마지막으로 식사를 하시며 사랑을 다짐하는 그 장면에서

언니는 그 마음을 그대로 느낀 것 같았다.

54년만에 처음 하나님께로 돌아온 언니는 어려운 성경을 다 알지는 못했겠지만 그래도 순종하며 순수하게 읽으며 기록된 예수님에 대해 하나 하나 느끼며 알아 나가고 있었다.

이 글을 쓰는 지금 언니는 벌써 성경2독 완성을 앞두고 있다. 얼마나 잘 읽는지 오디오가 된다면 독자들에게 들려 드리고 싶을 정도이다. 간증 집회를 나가면 성도들에게 꼭 들려주는 언니의 목소리를 말이다.

언니의 일과는 아침에 출근하면 커피 한 잔을 마시며 성경 녹음을 하는 것으로 시작한다고 한다. 큰 소리로 읽는 그 성경의 내용을 옆에서 같이 일하고 있는 아들이 묵묵히 듣는다고 한다. 아직 언니의 가족들은 하나님을 믿지 않지만 언니는 그들에게 강요하지 않고 그냥 성경을 녹음한다.

언니는 단톡방을 이끌어 가는 반장을 할 뿐만 아니라, 벌써 다른 방도 만들어서 멘토도 하고 있다.

둘째 언니가 회심하고 나서 가족 중에 또 한 사람이 돌아왔다.

중국어 강사를 하고 있는 내 바로 밑의 동생이다.

그녀는 고등학교 시절, 우리가 모두 일본 종교를 믿을 때 혼자서 교회를 다녔다. 학교 친구를 통해 처음 교회에 갔다고 했다.

진리를 알고 싶다고 부르짖으며 한동안 교회에 다녔지만, 집안의 종교와의 갈등으로 그 믿음의 날개가 꺾이고 말았다. 그리고 오랫동안 하나님의 자녀의 길을 떠나 그녀도 오랫동안 탕자처럼 다른 곳을 기웃거리며 방황했었다.

그러다가 두 자매의 회심으로 인해 하나님을 다시 만나고 지금은 성경도 열심히 읽으면서 너무도 예쁘게 믿음 생활을 하고 있다.

뛰어난 중국어 실력으로 앞으로 있을 중국 선교의 길에 하나님이 멋진 도구로 사용하실 것을 믿어 의심하지 않는다.

이제 친정 형제들 아홉 명 중에서 세 명이 돌아왔으니 삼분의 일은 된 거다. 나 혼자로부터 시작해서 이제 하나하나 하나님이 허락해 가는 과정을 보며 친정 식구들의 회심의 역사가 너무도 기대된다.

오라 우리가 여호와께로 돌아가자

하나님이 나에게 보내준 사람 아니 천사가 한 명 있다. 분명 나랑 같이 한국에 사는 사람인데 그녀는 분명 천사다.

2016년 여름, 서류를 발급 받으러 어느 공공기관을 방문했을 때의 일이다. 문을 열고 들어서자 한 여인이 나를 보며 "언니 ~~" 라고 소리를 질렀다. 처음 보는 사람이었는데 오매 불망 기다리던 사람을 드디어 만난 것처럼 나를 반겼다. 알고 보니 옛날부터 나를 너무도 좋아해서 내가 나오는 방송과 소식은 다 꿰뚫고 있고 항상 응원하고 있는 팬이었다.

서류를 다 발급 받고 헤어지기 전에 그 친구가 사진을 함께 찍자며 일어났다. 일어선 모습을 보니, 다리가 조금 불편해 보였다.

그 순간 그렇게 나를 향해 해맑게 웃어주던 그녀의 인생 뒷면에 참 많은 고난이 있었겠다 라는 생각이 들며 애정이 가게 되었다.

그렇게 알게 된 그녀와 난 서로의 연락처를 주고 받았고, 그녀는 시간이 날 때마다 나에게 응원의 메시지를 보내왔다. 하루는 커피숍에서 만나 대화를 나누다가 마음이 너무도 아파왔다.

'내가 그녀라면 어떻게 살았을까?'하는 생각이 들 정도로 힘든 자신의 인생이야기를 그녀는 자분자분 나에게 털어놓았다.

이 친구는 세 살 때 온 몸에 불이 나듯이 뜨겁게 열병을 앓게 되었는데 바쁘신 부모님 때문에 그냥 방치상태로 있다가 열병으로 인해 그 때부터 한 쪽다리가 심하게 불편해지게 되었다.

그 과정 속에서 그녀의 지난 인생에 힘들었던 것은 다 표현할 수도 없을 정도다.

지금은 결혼을 해서 아들과 딸도 낳고 살고 있지만, 스스로 심하게 자존감을 잃고 삶의 여러 가지 문제로 괴로운 하루하루를 버티며 살고 있었다. 그렇게 힘듦에도 불구하고 그녀는 아직 하나님의 존재에 대해 알지 못했다.

나는 그녀에게 하나님을 알려주고 싶었다. 사실 친정 식구들이나 친구들에게 전도를 했다가 도리어 화가 된 경험이 많기에 쉽게 복음의 이야기를 꺼내지 않음에도 불구하고 이 친구에게는 용기를 급하게 내고 싶었다.

내가 하나님을 만나게 된 이야기를 간증처럼 들려주자 자신도 그 전에 교회에서 피아노반주를 하면서 다닌 적이 있다고 했다. 역시 하나님은 틀림이 없으시다.

나는 매주 그녀와 두 아이들을 차에 태우고 교회를 나갔다. 같이 예배도 보고 밥도 같이 먹으면서 교제의 시간을 보냈다.

그리고 둘째 언니에게 한 것처럼 같이 하나님의 말씀인 성경을 같이 읽으며 녹음하자고 권했다. 몸이 불편한 친구지만 너무도 감성적이고 현명한 그녀는 잘 이해하며 잘 따라와주었다.

그렇게 몇 달이 지났을 때 즈음이었다. 어느 날, 남편과 함께 차를 타고 가는데, 갑자기 남편이 나한테 그녀에게 전화를 걸어보라고 시켰다. 카톡을 보냈는데도 한참 동안 확인을 안 하는 것이 좀 이상하다고 했다.

내가 전화를 걸면, 신호가 한 번이 가기도 전에 하이톤으로

"언니~~"하며 반갑게 전화를 받던 그녀가 몇 번을 걸어도 받지 않았다. 이상하기도 하고, 내심 걱정도 되고 해서 나는 계속 전화를 걸었다. 수 차례 전화를 걸던 중에 드디어 그녀가 전화를 받았다. 너무도 힘이 없는 목소리로 말이다.

"여… 보세요~ 언… 니…"

"왜 이렇게 전화를 안받았어? 뭐해?"

내 물음에 그녀는 울먹이다가 한참 만에 입을 열었다.

"목을…"

"뭐라고?"

"목을 매다가… 핸드폰이 울려서 보니까… 언니 번호가 떠서… 언니 목소리가 너무 듣고 싶어서… 내려왔어! 흑흑흑…"

그 순간 나는 말을 잃었다.

'오 하나님, 세상에 어떻게 이런 일이 있을 수가 있죠?'

전화기 저쪽 너머에서는 계속 멈추지 않는 울음소리가 들리고 있었다. 나는 화가 나서 막 퍼부어대었다.

"왜 이렇게 나약해! 정말 너무 화가 난다. 내가 너한테 뭘 잘못했니? 왜 그런 생각을 하는 거야? 너를 알게 한 하나님이 너무 원망스럽다!"

"언니 정말 미안해… 언니가 나 같은 사람에게 그렇게 잘해주었는데 이런 모습밖에 안보여서… 난 이세상에서 희망이 없어"

그녀는 이렇게 말하며 계속 흐느끼고 있었다.

잠시 동안이었지만 순간 하나님께 힘을 달라고 기도한 후에 정신을 차리고 그녀를 설득했다.

"내가 너를 알게 된 지 얼마 되지도 않았잖아. 너를 더 볼 수 있게 해줘. 너랑 할 일이 얼마나 많은데… 우리 무엇부터 해결해야 할 지 다시 생각해보자"

그렇게 무사히 그 순간을 넘기고 하루가 지났다. 이제 상황은 바뀌었다. 그전에는 조금 귀찮다는 생각이 들 정도로 그녀가 나에게 먼저 전화를 하고 자주 메세지를 보냈었는데, 이제 날이 밝으면 내가 먼저 그녀에게 전화를 하고 내가 먼저 문자를 보내며 그녀의 생사를 묻고 하나하나를 체크했다.

하나님은 나에게 절박한 마음으로 기도하기를 원하셨다.

"하나님 이 친구를 나에게 보낸 이유가 있다고 믿습니다. 그녀가 살아낼 용기를 주시고, 내게도 그녀를 돌볼 힘을 주세요. 제 힘으로는 할 수 없습니다."

마치 그녀의 스토커가 된 것처럼 거의 매일 통화하고 매주 교회를 같이 다니기 위해 갖은 방법을 다 강구해냈다.

어느 날 새벽2시 나는 생애에 가장 감동적인 순간을 경험했다.

카톡에 그 친구의 성경 녹음파일이 올라온 거다. 그 시간까지 잠을 안자고 있다가 성경을 펼쳐서 녹음을 한 것이다.

"호세아 6장… (흑흑)… 오라 우리가 여호와께로 돌아가자… (흑흑)

녹음을 확인해 보니, 그녀가 울음이 섞인 목소리로 호세아서 6장을 읽어 나가기 시작했다.

여호와께서 우리를 찢으셨으나 도로 낫게 하실 것이요 우리를 치셨으나 싸매어 주실 것임이라 여호와께서 이틀 후에 우리를 살리시며 셋째 날에 우리를 일으키시리니… (흑흑)… 우리가 그의 앞에서 살리라… (흑흑)…"

그녀는 호세아 6장을 읽으며 하나님이 자기를 고생하게 하지만 그 안에 사랑이 있다는 것을 안 것일까?

읽는 목소리는 가늘고 떨리며 울음이 섞여있었다. 죽고 싶은 현실, 마무리 하고 싶은 인생에서 그녀는 '하나님께서 도로 낫게 하실 것이고, 싸매어 주실 것이고, 일으키실 것'이라는 말씀을 믿고 싶어하는 것 같았다.

그녀의 목소리를 들으며 볼 줄기를 타고 흘러내리는 눈물은 멈출 줄을 몰랐다. 그리고 하나님께 무릎을 꿇었다.

"하나님! 회개합니다. 그 동안 저는 돈 많은 사람, 지위가 높은 사람만을 가까이 하고, 낮은 곳에 있는 사람들은 나와 부류가 다르다 평가하고 구분 지으며 살았습니다. 예수님이 가장 싫어하는 교만한 자들 사두개인과 바리새인, 서기관처럼 늘 교만하게 산 것을 자복합니다. 그런 긍휼이나 사랑이 없는 제가 버젓이 예수를 믿는 예수그리스도인이라고 하며 살았습니다. 하나님 용서하여 주시옵소서. 그리고 그런 저 같은 죄인에게 그녀를 보내어 이제라도 깨닫게 하심을 진심으로 감사합니다."

심령이 가난한 자는 복이 있나니 천국이 그들의 것이요
애통하는 자는 복이 있나니 그 들이 위로를 받을 것임이요
온유한 자는 복이 있나니 그들이 위로를 받을 것임이요
온유한 자는 복이 있나니 그들이 땅을 기업으로 받을 것임이요
긍휼이 여기는 자는 복이 있나니 그들이 긍휼이 여김을 받을

것임이요

마음이 청결한 자는 복이 있나니 그들이 하나님을 볼 것임이요

화평하게 하는 자는 복이 있나니 그들이 하나님의 아들이라 일컬음을 받을 것임이요

의를 위하여 박해를 받는 자는 복이 있나니 천국이 그들의 것임이라

나로 말미암아 너희를 욕하고 박해하고 거짓으로 너희를 거슬러 모든 악한 말을 할때에는 너희에게 복이 있나니

기뻐하고 즐거워하라 하늘에서 너희의 상이 큼이라

너희 전에 있던 선지자들도 이같이 박해하였느니라

(마태복음 5장 3절~12절)

나는 처음 마태복음의 이 구절을 읽었을 때 예수님께서 말씀하신 '8복'에 대한 것을 잘못 해석했었다. 예수를 열심히 믿으면 어찌되었던 내 일이 잘되고 만사가 형통한 8가지의 복을 부어주시는 거라고… 그런데 천사 같은 그녀와의 교제를 통해서 하나님은 8복이 어떤 마음인지 알게 해 주셨다.

예수를 믿는 것은 내가 복을 받아 잘 먹고 잘 사는 것이 아니라, 정말 예수님의 긍휼과 사랑의 마음을 가지고 진심으로 내 깊은 곳에서 사람에 대한 애통하는 마음과 사랑과 그 목마름을 느끼며 실천하는 것이라는 것임을 깨닫게 되었다.

그렇게 그 친구는 다시 살아났다. 그녀가 마음을 고쳐먹고 다시 살아내려고 안간힘을 쓰니 하나님은 그녀를 아주 바쁘게 했다. 그래서 예전처럼 그녀가 나락으로 떨어지는 마음을 가질 틈도 없을 만큼, 하루하루를 열심히 살아가야 하는 상황으로 바꾸어 놓으셨다. 여러 가지 삶의 문제들도 조금씩 해결되었고, 그녀를 누르고 있었던 괴로움 대신 마음의 안정이 찾아 온 것을 느낄 수 있었다. 가끔씩 그녀는 바쁜 나를 위해 맛있는 반찬도 만들어서 집 앞에 놓고 가기도 한다. 마치 우렁각시처럼 말이다.

그렇게 우리는 다윗과 요나단처럼 서로가 든든한 친구가 되었다. 그녀는 일이 늦게 끝나 성경을 녹음하거나 읽을 시간이 없을 때에는 내가 녹음해서 보내는 것을 들으며 출근하고 잠을 잔다고 한다. 귓가에 들려오는 하나님의 말씀의 양식을 매일 먹으며 그녀가 살아나기 시작했다. 나는 지금도 자기 전에 그녀가 내일 들을 양식의 말씀을 녹음해서 올린다. 이 글을 쓰고 있는 지금은 베드로 전서를 읽어주고 있다.

그 친구가 살아나면서 아이들이 변하기 시작했다. 늘 엄마의 우울한 모습만 보며 눈치만 보던 열 한 살짜리 딸은 엄마가 성경을 읽으며 버티고 살아내는 모습을 보며 함박웃음을 지었다. 어느 주일날 교회 카페에 귀여운 딸과 내가 둘이 앉아있었다. 내가 그녀의 딸에게 물어봤다.

"너는 커서 어떤 사람이 되고 싶어?"

"몸이 불편한 사람들을 도와주는 사람이요!"

"왜?"

"우리 엄마는 몸이 불편해서 나랑 찜질방도 갈 수 없고, 또 같이 뛰지도 못하지만 매일 나를 위해 맛있는 밥도 해주시고, 내 머리도 빗겨주시고… 그런 엄마가 저는 제일 좋아요… 그런데 때로는 엄마가 힘들어 하시는 모습을 보면 마음이 아파요… 그래서 나중에 크면 열심히 공부해서 엄마처럼 몸이 힘든 사람들을 도와주는 일을 할 거에요."

그 어린아이의 그 순수하고 따뜻한 말을 들으며 나는 이 아이에게 진짜 하나님을 알려주고 싶다는 생각이 들었다.

"예쁜 딸! 네가 정말 멋지고 훌륭한 사람이 되려면 하나님을 알아야 하거든. 너 이모랑 같이 성경읽기 할래? 우리 함께 시편을 읽자. 시편은 150편인데 거의 반을 다윗이라는 왕이 썼어. 다윗은 하나님의 마음을 가장 잘 아는 멋진 사람이었거든. 양치던 자가 하나님께 마지막까지 순종하며 사랑하는 그 마음을 알게 될 거야. 네가 시편 1편을 읽으면 내가 2편을 읽을게."

그렇게 우리는 시편을 서로 녹음해서 보내 주는 '시편 친구'가 되었다. 36년 나이 차이를 초월하여 시편을 함께 읽는 친구가 된 것이다.

"시편 1편. 복 있는 사람은 악인들의 꾀를 따르지 아니하며 죄인들의 길에 서지 아니하며 오만한 자들의 자리에 앉지 아니하고 오직 여호와의 율법을 즐거워하여 그의 율법을 주야로 묵상하는도다. 그는 시냇가에 심은 나무가 철을 따라 열매를 맺으며 그 잎사귀가 마르지 아니함 같으니 그가 하는 모든 일이 다 형통하리로다."

순수한 아이의 목소리로 아무 꾸밈없이 읽어 내려가는 고백은 정말 천사가 내 귓가에 들려주는 소리 같았다.

이것이 계기가 되어서 나는 성경읽기를 퍼트리게 되었다.

마음이 답답하고 외로워하는 주위 사람들과 카톡으로 '성경 녹음하기' 커뮤니티를 만들었다. 일대일로 두 명이 하는 방도 있고, 많게는 열명이 함께 하는 단톡방도 있었다. 두 장씩, 다섯 장씩, 열 장씩, 스무 장씩… 방 마다 하루에 읽는 분량이 각각 다르고, 어떤 방은 구약을, 어떤 방은 신약을 읽어서 방 마다 읽는 부분도 모두 달랐다. 그렇게 총 열 여섯 개의 방을 운영했다. 그러다 보니 매일 40장 분량을 읽게 되었다. 매일 40장 분량을 읽으려면 빠르게 읽어서 두 시간 가량이 걸린다. 만만치 않은 분량이었지만 그렇게 성경을 읽어나가면서 성경이 꿀보다 더 달다라는 말을 실감하게 되었다. 불경을 외우고 성경만 안 읽던 내 인생이 이제 눈만 뜨면 성경만 읽게 되는 대 반전의 삶으로 바뀐 것이다.

주의 말씀의 맛이 내게 어찌 그리 단지요 내 입에 꿀보다 더 다니이다

(시편 119편 103절)

다윗의 이 시편의 기도가 나의 마음이 되는 것 같았다.

참고로 하루에 다섯 장을 읽으면 10개월안에 1독을 하고, 열 장이면 5개월 안에, 스무 장은 2개월반 만에 1독을 할 수 있게 된다.

이 책을 읽는 분들도 가족과 함께, 아니면 교회 친구들과 단톡방을 만들어 성경을 통독하는 것에 도전하면 어떨까?

주일에 한 번 교회에 나가서 한 시간 예배를 보고 그 외에 시간은 자기의 일에 분주해서 하나님의 말씀, 또 하나님의 존재를 잊고 사는 삶의 패턴이 아니라 매일 하나님과 동행하며 산다면 멋진 기적을 맛보게 될 것이다.

나는 말씀을 읽어나가는 삶속에서 '전신갑주'가 무엇인지를 깨닫게 되었다. 매일 성경 말씀을 읽고 또 읽어나갈 때 마다, 마치 그 말씀이 나를 '전신갑주'로 무장시켜 주는 것을 느낄 수 있었다. 악한 사탄의 세력이 나를 괴롭히려 해도 두렵지 않고 든든한 것은 바로 말씀을 읽으며 '하나님의 전신갑주'를 입었기 때문이다.

마귀의 간계를 능히 대적하기 위하여
하나님의 전신갑주를 입으라

우리의 씨름은 혈과 육을 상대하는 것이 아니요
통치자들과 권세들과 이 어둠의 세상 주관자들과 하늘에 있는 악의 영들을 상대함이라
그러므로 하나님의 전신갑주를 취하라
이는 악한 날에 너희가 능히 대적하고
모든 일을 행한 후에 서기 위함이라
그런즉 서서 진리로 너희 허리띠를 띠고
의의 호심경을 붙이고
평안의 복음이 준비한 것으로 신을 신고
모든 것 위에 믿음의 방패를 가지고 이로써
능히 악한 자의 모든 불화살을 소멸하고
구원의 투구와 성령의 검 곧 하나님의 말씀을 가지라

(에베소서 6장 11절~17절)

매 순간마다 세상에 많은 악의 세력이 우리를 향해 덤비지만, 하나님의 말씀으로 구원의 투구와 성령의 검을 가진다면 절대로 우리를 어쩌지 못한다는 것을 매일 경험하게 될 것이다.

'성경 바람잡이'가 되겠습니다

신앙이 깊어가고 있을 때 즈음 갑자기 내 현실을 살펴보게 되었다. 방송은 예전에 잘나가던(?) 때와는 달리 활발하게 활동할 수 없는 상황으로 가게 되었다. 나는 하나님께 투정을 부리며 떼를 썼었다.

'하나님 그리스도인도 방송인으로 잘나가야 하나님 일을 더 잘 할 수 있는 거 아닌가요? 저는 아직 감이 죽지 않았고 쌩쌩합니다. 같이 활동했던 동료들처럼 저도 더 많은 일을 하게 해주세요'

그 때 하나님이 이런 마음을 주셨다.

'그래 방송 잘하는 사람은 정말 많다. 근데 나를 진심으로 알고 전하는 사람은 많지가 않다. 네가 나에 대해 연구하고 그것을 전

하는 일 좀 하면 안되겠니?'

그래서 내가 물었다.

'제가 어떻게 그걸 해요? 저는 하나님을 믿은 지도 얼마 되지도 않았다구요!'

'바람잡이!'

'네? 뭔 바람잡이요?'

'성경바람잡이! 너는 어렸을 때부터 시장에서 다른 사람보다 쑥갓도 잘 팔고, 삐에로처럼 웃기고 뭐든지 바람을 잘 잡잖아!… 나의 말! 성경을 읽지 않고 그냥 자기가 상상한 예수를 믿는 자들에게 성경을 읽어야 한다고 바람 좀 잡아주라'하고 마음을 주시는 것 같았다. 다른 방법이 없었다. 왜냐면 이제 남은 인생은 하나님께 순종하며 살기로 마음 먹었기에…

'네~~ 알겠습니다! 성경 바람잡이가 되겠습니다'

그 후 2017년부터 하나님은 나에게 강대상에 올라 간증을 다니게 허락하셨다. 남편이 한인교회에서 내 또래의 여자 분이 세례받고 간증하던 모습을 보고 내가 간증하는 모습이 오버랩 되었다고 했는데 그것이 진짜 현실이 된 것이다. 남편의 중보기도를 하나님은 하나도 놓치지 않으신 거다.

작은 개척교회부터 시작해서 큰 교회, 한국뿐만 아니라 미국과 일본까지 다양하게 간증을 하게 하셨다.

처음 간증을 할 때는 두서도 없이 무슨 말을 하는지 모를 정도로 형편없었지만 하나님은 내가 전할 말을 지혜로 넣어주시며 기쁨과 감동을 주셨다. 그렇게 몇 달이 반복되자 또 문제가 생겼다. 이제 말은 잘하지만 계속 똑 같은 스토리를 반복하는 속에서 습관처럼 말을 하게 되었다.

나는 또 하나님께 매달렸다.

'하나님 똑 같은 말을 하는 게 너무 힘들어요. 그 동안에 제가 한 일은 거의 애드립 치는 일이었다구요. 이 일을 어떻게 계속 할 수 있죠? 여기서 그만하면 안 될 까요?'

그 때 이런 마음을 주셨다.

'너는 같은 말을 반복한다고 생각할 지 모르지만 너를 보러 온 사람들은 너의 이야기를 처음 듣는 거야. 천하와도 바꿀 수 없는 그 영혼을 너의 간증으로 구한다는 것이 얼마나 소중한 일인 줄 아니? 그 한 영혼을 위해 나는 내 아들마저 죽였다. 매 순간 성령의 힘으로 한 사람 한 사람을 살린다는 마음으로 해라'

또 다시 나는 하나님께 무릎을 꿇었다. 어떤 것이든 하나님을 설득할 수는 없었다. 하나님의 계획하심과 내 생각은 너무도 다르기에 말이다.

그리고 신기하게도 간증할 때마다 성령님이 함께 하시는 것을 느끼며 같은 내용을 이야기 하는 대도 매 번 처음 말하듯이 이야기 하는 새 힘을 내게 주셨다. 내가 울면 듣는 성도님 들에게 그 마음이 전해져서 우리는 같이 울었다. 너무도 신기한 건 이미 80번을 넘게 들은 남편은 들을 때마다 마치 처음 듣듯이 눈물을 흘린다.

간증을 하면서 가장 행복하고 뿌듯할 때는 목이 터져라 간증을 하고 땀을 흘리며 내려올 때 마음속으로 하나님의 작은 음성이 들려올 때다.

'고생했다 내 딸!'

하나님의 그 마음이 느껴질 때 나도 모르게 눈물이 핑 돈다.

'아니에요 이런 자리를 주셔서 감사합니다. 주님!'

내 어깨를 다독이시며 칭찬하시는 하나님과 주고받는 그 마음! 주님이 주시는 그 마음이 너무 좋아서 요즘도 나는 설레는 마음으로 예수님을 전하러 간증을 간다.

하나님을 부정하던 내가 예수님을 영접하고 돌아온 내용의 간증과 '성경 바람잡이'가 되어 성경을 열심히 읽자는 메시지를 전하자 가는 곳마다 놀라운 일들이 일어났다. 내 간증을 들으러 온 새신자들은 물론이고 교회를 다니고는 있지만 마음이 식어버린 교인들도 다시 마음을 다잡는 일들이 생기기 시작했다.

어떤 교회에서는 간증 후 이틀 뒤에, 목사님에게서 이런 문자가 도착했다. '집사님의 선한 영향력!! 주일 간증으로 도전 받은 청년부들이 자발적으로 통독을 시작했네요. 집사님처럼 녹음하는 방식으로요~!'

간증을 했던 많은 교회에서 전 교인이 성경읽기를 시작했다는 소식을 전해왔다. 이런 소식을 들을 때 마다, 정말 말할 수 없는 감격과 감동을 느낀다. 그리고, 부족한 나를 사용하신 주님께 한 없는 감사를 드릴 수 밖에 없다.

전도축제를 한 어느 교회에서는 간증이 끝난 후 돌아오는 길에 담임목사님에게서 이런 문자가 오기도 했다.

'오늘 집사님의 간증을 들으러 교회에 처음 오신 분들이 230여 분 정도였습니다. 많은 분들에게 예수 복음의 씨앗을 뿌려 주어 감사했습니다. 늘 건강하세요'

물론 새로 교회에 오신 분들의 수가 많고 적음이 중요한 것은 아니지만, 주님께서 나를 통해 그 분들에게 복음을 전할 수 있는 기회를 주신 것이 너무도 감사했다.

또 이런 일도 있었다.

충남 공주에 있는 대학의 한 대학원생이 교회를 통해 나에게 메일을 보내왔다.

'저의 부모님은 조혜련 집사님이 예전에 믿던 종교를 믿고 계십니다. 어떻게 하면 부모님도 집사님처럼 예수를 믿도록 전도할 수 있을까요?'

아직 예수를 믿지 않는 부모님을 위해 간절히 기도하는 이 학생의 안타까운 마음이 느껴졌다. 이 학생은 학교 근처의 작은 교회를 다니고 있었다. 그래서, 내가 그 교회에 가서 간증을 할 테니, 그날 부모님을 초대하라고 했다.

그렇게 그 학생이 다니고 있는 충남 공주의 작은 교회를 가게 되었다. 아쉽게도 그 학생의 부모님은 오시지 못했지만, 그 학생과 이런저런 대화를 나눌 수 있었다. 대화를 나누다가 알게 된 것은 이 학생이 여태껏 성경 일독을 못했다는 것이었다. 나는 그 학생에게 일대일로 하루에 20장씩을 읽기를 제안했고, 그도 흔쾌히 동의했다. 제안은 했지만, 마음속에 살짝 의심 섞인 걱정이 들었다. '과연 이 학생이 정말 매일 20장씩을 읽어낼 수 있을까?'

약속한 날부터 이 학생은 단 하루도 어김없이 매일 카톡에 성경 20장씩을 녹음해서 보내었다.

성경을 읽기 시작한 지, 석 달 만에 그 학생은 일독을 하게 되었다. 그 이후 멋진 일이 일어났다. 일독을 끝낸 어느 날 이 학생에게서 문자가 왔다.

'저도 집사님처럼 다른 친구의 성경읽기 멘토가 되었고, 새로 방을 만들어서 그 친구와 성경읽기를 시작했습니다. 그리고, 저… 선교사의 꿈을 갖게 되었습니다. 이런 꿈을 갖게 된 데는 집사님과의 성경읽기가 결정적인 역할을 했습니다. 감사 드립니다.'

이 놀라운 두 가지의 소식을 읽는 순간, 나의 눈엔 감격의 눈물이 맺혔다.

얼마 전 이 학생은 '위구르'로 단기 선교를 가서 복음을 전하고 왔고, 지금은 정식 선교사가 되기 위해 준비 중이라고 한다.

교회 사람들에게 상처를 받아 교회를 다니지 않다가 내 간증을 듣고 다시 믿겠다며 내 손을 꼭 잡고 울던 자매님, 자신의 믿음이 첫 사랑을 잃어버린 에베소교회 같은 믿음이었다며 다시 일어나겠다고 다짐하던 권사님 등등 가는 곳 마다 감동을 받았다는 분들의 고백은 나에게 더 큰 감동을 주었다.

어느 기독교단체의 기도회 모임에 초청되어 또 간증을 했다. 이 때 감동을 받으신 어떤 한 장로님이 본인이 다니시는 교회에 나를 한번 더 초청하셨다. 두 번째 나를 보시는 장로님은 내게 이런 고백을 하셨다.

"집사님의 간증을 처음 듣기 전에는 별 기대를 안 했어요. 그런데, 듣고 큰 감동과 도전을 받고 저도 성경읽기를 새롭게 시작했어요."

그리고, 뒤 이은 이 장로님의 말씀이 참 인상적이었다.

"제가 정비소를 운영하고 있는데요, 집사님 간증을 듣고 돌아와서, 저희 직원들에게 선포했죠. 오늘부터 회사에서 성경을 매일 다섯 장씩 읽으면 한 달에 10만원의 보너스를 더 준다고요. 아 그랬더니, 불교 신자인 한 직원이 성경을 읽기 시작하는 거에요. 허히. 그리고, 한달 후에 보너스를 주면서 물었죠. 성경을 읽은 내용 중에 무엇이 기억 나느냐구요"

나도 그 직원의 대답이 궁금했다.

"그렇게 물었더니 이 직원이 그러더라구요… 청색, 자색, 홍색 실과 가는 꼰 베실… 이라구요.하하"

아직도 그 직원은 성경을 열심히 읽고 있다고 한다.

연예인 연합예배 때, 앞에서 간증자로 설 기회가 있었다. 예수님을 만나고 최근에 열심히 성경을 읽고 있다는 간증을 하였다. 예배를 마치고, 배우 이광기 오빠가 내게 다가와서 격려해 주었다.

"혜련아. 오늘 너의 간증 감동이었어. 나도 오늘부터 성경 열심히 읽기로 마음 먹었어. 고맙다!"

며칠 뒤, 오빠가 카톡으로 여섯 살 짜리 아들 준서가 성경을 열심히 읽는 동영상을 보내왔다. 너무도 예쁘고 귀엽고 기특했다. 동영상을 보고 감동한 나는 광기 오빠에게 전화를 걸었다.

"오빠. 준서가 어쩜 이렇게 성경을 열심히 읽어요?"

"너 간증 듣고 감동받아서 그날부터 집에서 성경을 읽었거든. 근데, 성경 읽는 내 모습을 보고 준서도 옆에서 따라 읽더라구. 요즘 나는 가끔 바쁘면 못 읽는 날도 있는데, 준서는 매일매일 나보다 더 열심히 읽는다. 하하"

그 다음 오빠가 들려준 말이 기가 막힌다.

"그런데, 얼마 전에 준서가 나한테 동생을 낳아달라고 조르는 거야. 그래서 준서한테 이제 아빠, 엄마가 나이가 들어서 동생을 낳아주기 힘들 것 같다고 했거든. 그랬더니, 준서가 뭐라고 했는 줄 아니?"

"뭐라고 했는데요?"

"아브라함은 100세에 아들을 낳았던데요 뭘! 그에 비하면 아빤 아직 젊잖아요!"

준서의 대답이 너무도 귀엽고 기발했다. 순간 성경 속 인물인 '디모데'가 떠올랐다. 디모데는 어려서부터 훌륭한 성경 신앙교육을 받으며 자랐고, 후에 사도 바울과 함께 전도여행에 동참하고 에베소 교회의 목회자가 되었다.

'디모데처럼 아이들이 어릴 적부터 성경을 읽고 배운다면, 후에 하나님이 귀히 쓰시는 훌륭한 인물들이 될 텐데…'

> 또 어려서부터 성경을 알았나니 성경은 능히 너로 하여금 그리스도 예수 안에 있는 믿음으로 말미암아 구원에 이르는 지혜가 있게 하느니라
>
> (디모데후서 3장 15절)

2017년 7월에는 한국을 넘어서 미국 LA에도 가게 되었다. 무려 일곱 군데의 한인 교회를 돌았다. 아직도 잊지 못할 감동적인

장면이 있다.

한 한인 교회에서 내가 간증을 끝냈을 때, 83세 할머니가 내 손을 꼭 잡으며 이렇게 말씀하셨다.

"나는 솔직히 말하면 먹고 살려고 한국을 떠나 미국에 와서 살았수. 하나님을 믿어서라기 보다 외로워서 교회에 나왔수. 그래서 이 나이 되도록 성경을 한 번도 제대로 읽지 못했어. 너무도 부끄러워요. 근데 오늘부터 내 목표가 생겼어. 내가 얼마나 살 수 있을지 모르지만 내가 죽기 전까지 조혜련씨보다 더 성경을 많이 읽다 죽으려우. 이런 마음 가지게 해주어서 고마워요"

10월에는 뉴욕과 뉴저지의 여러 한인교회들을 갈 기회가 있었다. 예정에 없던 한 교회를 갑자기 가게 되었는데, 성도님들 대부분이 연세가 많으신 편이었다. 열심을 다해 간증을 하다가 이상한 장면을 목격했다. 맨 앞에 앉아 계신 담임목사님께서 간증 내내 고개를 숙이고 우시는 것이었다.

간증을 마치고 궁금해서 목사님께 여쭈어 보았다.

"목사님, 왜 그렇게 간증 내내 우셨어요?"

목사님의 설명은 이랬다. 몇 년 전에 한국에서 미국으로 건너와 지금의 교회 담임을 맡게 되었고, 그 때부터 지금까지 성도님들에게 성경 읽기를 강조해 왔는데, 성도님들 대부분이 연세가 많으셔서 그것이 맘처럼 잘 안 되었고, 그래서 마음 고생을 많이 하셨다고 했다.

최근에 큰 맘 먹고 '전교인 100일 성경 통독'을 시작했고, 그것을 100일 동안 계속 이끌어 왔는데, 내가 가서 간증한 그 날이 바로 마지막 100일째 되는 날이라는 것이다.

"집사님의 간증을 듣는데, 그 내용이 성경 읽기의 중요성을 강조하는 것이니, 성경통독 마지막 100일째 되는 날에 하나님께서 우리 교회에 선물을 보내주신 것 같아 감격스러워서 눈물이 멈추지 않았습니다."

목사님의 말씀을 듣고 나도 눈물을 안 흘릴 수 없었다. 이렇게 하나님은 어느 한 곳도 내가 헛걸음 하게 하신 곳이 없었다.

가는 곳곳마다 '아~ 이래서 나를 오늘 여기에 오게 하셨구나!'라는 깨달음이 들게 하셨다.

뉴욕에 간증을 갔을 때, 나를 통해 회심한 둘째 언니의 딸인 조카도 함께 갔었다. 미국에 처음 와 보는 조카를 위한 선물로 뉴욕 브로드웨이의 '캣츠'라는 뮤지컬 공연을 보여 주었다. 고양이 분장을 하고 열심히 춤추며 노래하고 연기하는 연기자들의 모습은 장관이었다.

그 때 갑자기 이런 깨달음이 들었다.

'오늘 무대에 선 뮤지컬 배우들은 뉴욕 브로드웨이 무대에 서기 위해 엄청난 노력을 한다. 높은 경쟁률을 뚫고 대학에 들어가 공부하고, 졸업해서 배우가 되어 이 무대에 서는 것도 하늘에 별 따기처럼 어려운 일이다. 그리고 고양이 분장을 하고 매일 같은 역할을 똑같이 반복한다. 고양이 역을 하는데도 이렇게 처음 무대에 선 것처럼 최선을 다해 표현하는데, 복음을 전하고 영혼을 살리는 일을 할 때도 최선을 다해야 하지 않을까?'

뒤 통수를 한 대 맞는 기분이었다. 내가 하는 일이 얼마나 중요하고 귀한 일인지 다시 깨닫는 시간이었다. 열심히 춤추고 노래하는 고양이들을 보면서 말이다.

네가 예수님의 노래를 부르다니!

뉴저지에서 차를 타고 3시간쯤 가면 '이타카(Ithaca)'라는 곳이 나온다. 한국 사람에게는 이 지역 이름이 다소 생소하나 그 곳에 아이비리그(IVY League)에 들어가는 코넬(Cornell) 대학교가 있다. 코넬 대학교 옆에는 이타카 대학이 있는데 그곳에 커뮤니케이션학과에 한양대학교 89학번 동기 출신 전창희 교수가 있다.

창희는 영화 전공이었고 나는 연극 전공이어서 그렇게 친하게 지내지는 못했다. 그리고 대학 졸업 후에는 소식을 잘 모르고 살았다.

연예인 연합예배에 참석했을 때 설교를 담당하신 박신일 목사님이 나보고 혹시 전창희를 아냐고 물었다. 박신일 목사님은 캐나다 벤쿠버의 그레이스교회 담임 목사님이신데, 성미 언니가 벤쿠버에 있을 때 많은 도움을 주신 분이다.

나는 안다고 했고 목사님은 전창희가 자기의 처남인데 지금 미국 대학에서 교수를 하고 있다고 했다.

그렇게 24년만에 친구와 연락이 닿았다.

전창희 교수는 지난 13년간 매 년 여름 방학마다 한국에 와서 한양대에서 전세계에서 모인 젊은이들에게 3주에 걸쳐 특강을 실시 했고 나보고 와서 강연을 해 달라고 했다. 자기가 통역을 하겠다고 하면서.

내가 물었다.

"하나님에 대해 이야기 해도 되니?"

"그냥 편하게 이야기 하면 돼"

그 여름에 우리는 한양대에서 만났고 싱가폴을 포함해 중국, 일본, 대만, 아프리카에서 모인 젊은이들 앞에서 나는 내가 연예인으로 살아온 것과 하나님을 만나 성경을 읽게 되어 새 삶을 사는 것에 대해 이야기했다. 나는 한국말로 하고 그 내용을 잘 정리해서 멋지게 영어로 통역해주는 전창희 교수 덕에 우리는 멋진 환상의 콤비처럼 '인생반 복음반'의 내용을 멋지게 버무려 갔다.

맨 앞에 앉아있는 친구는 강의가 끝나고 나에게 다가와서 자신은 하나님을 믿고 싶었으나 용기가 없었는데 오늘 그 마음을 확실히 하게 되었다며 고맙다고 울었다.

강의가 끝나고 내가 궁금해서 창희에게 물었다.

"13년동안 매년 한국에 와서 강의를 하는 이유가 뭐야?"

창희가 대답해 주었다.

"내가 3주를 강의하고 마지막 3일은 복음을 전하는 시간을 갖거든… 학생들한테 미리 이야기를 하지. 듣고 싶지 않은 사람은 나가도 좋다. 자유롭게 해라. 어떤 친구는 나가기도 하지만 그 안에서 예수를 만나는 기적이 일어나서 그 기쁨 때문에 매년 이 일을 하고 있어!"

그렇게 이야기하는 그의 눈빛에 예수님의 따뜻한 마음이 느껴졌다. 그리곤 자기가 이렇게 예수님을 믿게 된 스토리를 이야기해 주었다.

대학 졸업 후에 대기업에 들어가 소위 진짜 잘나갔다고 했다. 세상에 찌들어서 그렇게 살고 있을 때 즈음에 아버지가 돌아가시면서 자신에게 믿음을 부탁하고 가셨단다.

아버지의 죽음으로 충격을 받고 자신의 삶에 회의를 느낀 창희는 회사를 그만두고 답을 얻기 위해 강원도에 있는 기도원을 찾아들어갔다고 했다. 그 날 따라 눈이 너무도 많이 와서 다리가 푹푹 빠질 정도였는데 차가 들어가지도 못해서 몇 시간을 걸어 산 길을 걸어 십자가 불빛만 보고 기도원에 도착했다고 한다.

그리고 엎드리고 하나님께 자기가 무엇을 해야 하는지 알려 달라고 매달렸다.

하나님이 마음에 이렇게 답하셨다.

'내가 예전에 너에게 알려 주었잖아!'

'예전에 알려 주셨다구요?'

생각을 거슬러 올라가보니 아주 어렸을 때 자기가 하나님께 서원 기도한 것이 떠올랐다. 영화를 공부해서 하나님을 빛내는 작품을 만들겠다고 한 그 기도를 말이다.

그 후 창희는 짐을 쌌고 미국으로 무작정 건너갔다. 영어를 잘하지 못하는 그가 햄버거 가게에서 주문을 하는데 점원이 빠른 영어로 세 번을 물어보길래 세 번 다 대답을 했더니 똑 같은 햄버거 세트가 세 개가 나왔다고 한다. 그때 햄버거 세 개를 우걱우걱 다 씹어먹으며 영어를 잘하기로 다짐하고 공부했다고 한다.

처음 교수가 되었을 때 영어로 말할 자신이 없어서 자기가 할 강의내용을 통째로 외워서 그대로 말했더니 15분만에 끝나 버려서 그 이후의 시간을 메꾸지 못해 난감한 적도 있었단다. 한국 사람이 미국 학생들을 가르치는 자리에 오르기까지 그의 고생은 이루 말로 다 할 수 없었다. 그러나 늘 주님이 함께 하셨고 타지에 와서 생활하며 그의 믿음은 더욱 굳건해져 갔다.

내가 창희에게 뉴저지에 간증이 잡혀 미국에 간다고 하니, 뉴저지에서 이타카까지는 가까우니 대학 강연과 교회 간증을 잡아 놓을 테니 꼭 오라고 말했다. 뉴저지에서 이타카는 그렇게 가까운 거리가 아닌데 친구한테 속았다고 농담을 건네면서 그 곳을 갔다.

아름다운 풍경이 펼쳐지는 이타카에 도착해서 나는 미국인 대학생들 앞에서 간증 같은 강연을 했다. 원래 교수는 학생들에게 복음을 전한다든지 성경을 직접 전하는 것이 금지 되어 있어서 이창희 교수 역시 학생들에게 예수님에 대해 말할 수 있는 기회가 없었다.

특강으로 들어간 나는 외국인이기에 자유롭게 이야기하는 것이 가능했다. 나는 한양대에서 한 것처럼 연예인으로 살아온 이야기와 하나님을 만나 성경을 읽으며 달라진 삶에 대해 그들에게 말했다. 강연이 끝날 때 즈음에는 나는 마지막 말을 이렇게 맺었다.

"여러분은 지식과 진리를 탐구하는 멋진 학생들이잖아요. 세상에 많은 책들이 있지만 그 중에 가장 뛰어난 베스트 셀러가 바로 바이블(Bible)입니다. 만일 아직까지 읽어보지 못했다면 꼭 한 번 읽어보세요. 새로운 세상에 눈뜰 겁니다. 그리고 여러분이 이 세상에 존재하게 된 근원이 바로 하나님이신데 그 분에 대해서도 깊이 생각하고 연구해보면 어떨까요?"

전창희 교수는 마치 날개를 단 것처럼 신나서 침을 튀겨 가며 내가 다 하지 못한 이야기들로 살을 붙여가며 영어로 통역해주었다. 성경과 예수님 이야기가 시작되니 멀리 한국에서 와서 온 몸으로 이야기하는 콤비의 이야기를 잘 들어주었다.

우리는 그렇게 예수전도 유랑극단처럼 다섯 번의 강의를 진행했다.

이타카 대학의 아이들은 대부분이 미국 학생들인데 그 친구들은 진심으로 전창희교수를 좋아한다. 전교수는 첫 수업 때 회초리를 가지고 들어간다고 한다.

“이 매는 한국에서 아이들이 말을 안들을 때 때려주는 것으로 사용되는 거다. 너희가 만일 삐뚤어져 나가거나 올바르지 않으면 나는 너희에게 매를 들 거다. 원하지 않는 학생은 이 수업을 안 들어도 좋다”

직접 매를 든 적은 그리 많지 않았지만 오히려 힘든 학생은 전교수를 찾아와서 자신을 때려달라고 이야기한다고 했다.

마약이나 술에 빠져 너무 괴로운 친구라든지 의욕이 없어서 삶의 방향을 잡지 못하는 친구들이 말이다.

전교수는 학생들 한 사람 한 사람의 신상을 다 파악하고 있고 그 친구들과 매일 면담을 하고 그 학생들의 이름을 떠올리며 기도한다고 했다. 교수들 중에 수업이 제일 많음에도 불구하고 그 아이들을 만나는 것에는 문제 되지 않는다고 했다.

잠을 줄이면 된다고 했다. 내가 물었다.

“왜 그렇게 네 자신을 힘들게까지 하면서 미국 학생들을 돌보니?”

“그 마음이 예수님 마음이 아닐까?”

내가 또 물었다.

“언제 제일 기뻤어?”

"한 학생이 있었는데 매일 알코올에 찌들어서 힘들어 해서 오랫동안 대화를 나누었거든… 물론 예수를 전해도 믿지는 않았지만 그 친구가 졸업하고 나서 나한테 선물로 아카데미 오스카상 트로피에 내 이름을 넣어 '최고의 교수상'이라고 주며 나에게 감사하다고 말할 때, 그 때 정말 많이 울었어"

자기 스스로 그 이야기를 한 것이 쑥스러운지 허허 하고 웃으며 말을 맺었다.

그의 이야기를 들으며 내 자신이 부끄러워져서 고개를 들 수가 없었다. 이 먼 곳 이타카에서 전창희 교수는 예수 그리스도의 삶이 어떻게 사는 것인지를 실천하며 살고 있었다.

인종과 지위를 내려 놓고 한 사람을 사랑하는 그 마음으로 사는 그의 멋진 모습 말이다.

나는 그에게 미국의 기독교 실정에 관해 이야기를 들으면서 너무도 놀랐다.

대통령이 선서를 할 때 성경책에 손을 올리고 고백을 할 정도로 기독교를 많이 믿었던 미국이 점점 예수 그리스도의 정신을 잃어가고 특히 젊은이들은 더 신앙을 가지지 않는다고 했다. 이타카 대학 커뮤니케이션학부에 교수가 40명이 넘는데 그들 중 전창희 교수 빼고는 크리스천이 한 명도 없다고 한다.

더 놀라운 것은 그 이타카 지역에 있는 아름다운 교회에서 복음의 불모지 한국에 많은 선교사들을 파송하여 한국 복음화에 큰

기여를 했음에도 불구하고, 이제 그 교회에는 노인 몇 명만 주일 예배의 자리를 지킨다고 한다.

주일이 되어 전창희 교수가 섬기고 있는 한인교회에 간증을 하러 갔다. 교회 건물이 없어서 주일마다 미국교회 건물을 빌려서 예배를 보고 있었다. 30명 가량의 성도들과 함께 예배를 보며 나는 간증을 한 후에 찬송가 '예수 나를 위하여'를 두 팔 벌려 힘차게 불렀다.

간증을 끝내고 무대에서 내려오자 창희가 울음을 터뜨렸다. 갑자기 우는 친구를 보며 나는 당황했다.

"친구야 왜 울어?"

친구 창희의 대답을 잊을 수가 없다.

"대학 오리엔테이션 때 입술에 빨간 립스틱을 바르고 소주병에 숟가락을 꽂고 비 내리는 호남선을 부르던 네 모습이 생생한데… 이 곳에 와서 그 입술로 네가 예수님의 노래를 부르다니… 너무 감격스러워서… 흑흑"

나도 따라 울었다. 나도 기적이라고 생각한다. 내가 어떻게 이 먼 곳까지 와서 내 입으로 복음을 전할 수 있단 말인가? 다 하나님이 하신 것이다.

전창희 교수는 지금도 그 대학에서 가장 많은 강의를 한다. 아이들을 한 명 한 명 상담하는 것은 물론이다. 왜 그렇게 강의를 많이 하냐고 물었을 때 미소를 띄우며 그가 한 말을 잊지 못한다.

"돈을 모아서 이 곳에 한인들이 예배 볼 수 있는 교회 건물을 짓고 싶어! 내가 조금 고생하면 그 날이 올 거야!"

매년 이타카에 가고 싶다. 아무도 알아주지 않아도 온 몸을 다 바쳐 순수하게 예수님을 사랑하고 그 마음을 실천하고 있는 내 친구의 얼굴을 보고 싶어서… 그 정신을 담고 싶어서 말이다.

와따시와기리스도징데쓰 (저는 그리스도인 입니다)

2017년 10월에 오사카에 가게 되었다. 영화선교사 이성수 영화감독님이 제작하시는 다큐 영화에 출연하기 위해서였다. 이성수 감독님은 한양대 연극영화과 출신으로 내 선배님이시기도 하다. 원래는 상업영화를 만드시다가 기독교 다큐멘터리 영화를 만드는 것으로 방향을 전환하셨다.

그 분이 만든 영화 중에 '뷰리풀차일드'는 캐나다 원주민들의 아픔을 다룬 것이다. 유럽사람들이 미국과 캐나다를 개척하러 왔을 때 원주민들의 문화를 말살하기 시작했고 그 속에 카톨릭과 기독교 관계자들이 원주민아이들에게 아픔을 주어서 하나님과 멀어진 상태였다. 그 곳을 치유하러 간 사람들이 바로 한국 선교사님들이었다. 그 내용을 혼자서 카메라 하나 들고 1년 6개월동안 찍어서 영화로 만든 분이 이성수 감독님이었다. 하나님이 이 분을 만나게 하셨고 일본과 한국에 관한 기독교 다큐멘터리 영화를 만든다는 사실도 알게 되었다. '용서를 위한 여행'인데 서울을 출발해서 시모노세키를 거쳐 동경까지 자전거를 타는 성도들의 여정을 담는 영화를 찍는 거였다. 나와 플루티스트 송솔나무 집사님도 그 영화에 함께 참여하기 위해 오사카에 간 것이다.

촬영이 없는 날은 송솔나무 집사님을 통해서 일본인 교회에서 간증을 하기로 되어 있었다.

44년을 일본 불교를 믿던 내가 회심을 하고 돌아와서 처음으로 일본 교회에서 일본어로 간증을 하게 되었다. 40여분의 성도님들이 앉아 있는 예배자리에 섰다. 그 동안 많은 간증을 해왔었지만, 일본에서 처음 서는 그 자리는 뭐라 표현할 수 없는 마음으로 먹먹해졌다.

"하지메마시테- 처음 뵙겠습니다. 저는 조혜련이라고 합니다. 10년전 일본에서 방송활동을 했는데 혹시 저를 기억하시는 분 있으신가요?"라고 일본어로 말을 시작했다. 몇몇 분은 나를 알아보는 듯 했다.

"와따시와기리스도징데쓰- 저는 그리스도인 입니다. 예수님을 만난 지 얼마 되지 않았습니다. 그 동안 세상 것만 좇으며 기독교를 비난했습니다. 그런 저를 하나님께서는 자녀 삼아주셨고 제가 이렇게 여러분 앞에 섰습니다."

그리고는 말을 이어가지 못했다. 그 전에 일본에서의 힘든 생활들이 머릿속으로 빠르게 주마등처럼 스쳐 지나갔다.

"저는 알았습니다. 제가 왜 그렇게 힘들게 버텨야 했는지… 하나님이 사랑하시는 이 일본에 복음을 전하기 위해 일본어를 배웠고 고난을 경험한 것 같습니다. 이제 하나님이 허락하신다면 일본에 예수를 전하기 위하여 뛰겠습니다. 사랑합니다"라며 말을 마쳤다. 얼굴은 눈물 범벅이 되었고 나를 보고 있던 분들도 모두 눈물을 흘리며 공감해주었다. 그렇게 나는 난생 처음 일본 교회에서, 일본어로 복음을 전할 수 있었다.

오사카를 다녀온 후 한 기독교 방송에서 전화가 왔다. 일본 복음을 위해 오랫동안 수고해온 본부장님이 나에게 제안한 것은 일본 나가사키에서 있는 선교 세미나 참석이었다.

12년동안 나가사키 순교지를 도는 여행코스를 만들며 일본 선교를 위해 노력해왔는데 2017년 드디어 나가사키 시청 공무원들에게 연락이 왔다고 한다. 자기들에게 예수와 기독교에 대해 알려달라고 말이다. 공무원들이 직접 그렇게 부탁을 해 온 일은 처음 있는 일이었다.

나는 그 행사의 사회자로 가게 되었다. 한국의 목사님들과 관계자 분들과 나가사키 순교지를 돌아보았다.

1600년대 아직 한국에 복음이 들어오기 전에 일본에 먼저 복음이 전해졌고 처음에는 일본 정부도 긍정적이어서 나가사키에서 많은 사람들이 예수를 믿게 되었다고 한다. 그런데 막부 정부는 점점 기독교인들에게 심한 박해를 가하고 결국 예수를 믿는 사람들을 처형하는 지경까지 가게 되었다고 한다.

예수를 믿으면 귀를 잘라내고 뜨거운 온천 속에 집어 넣는다든지, 아주 작은 공간에 많은 사람들을 살게 하며 고통을 준다든지, 1000㎞가 넘는 길을 겨울에 맨발로 걷게 해서 나가사키에 도착하면 모두 목을 베었다.

혹시 죽은 몸이 부활 할까 봐 머리와 몸통을 먼 거리를 두고 따로 따로 버리는 일들도 일어났다고 한다. 예수를 믿지 않는다고 고백하면 살려준다고 해도 어느 누구 하나 작은 신음 소리도 내지 않고 거룩하게 순교의 길로 간 일본의 그 수많은 성도들… 하나님은 그 피를 잊지 않고 계신다.

이 곳을 오기 전에는 전혀 알지 못한 이야기들을 전해 듣고 너무도 마음이 아팠다. 그 옛날 박해가 너무도 심해 지금도 예수를 믿는 것이 좋은 줄 알지만 두려워 갈등하는 사람들도 많다고 했다. 그렇기 때문에 일본에서 복음을 전하는 것은 너무도 어려운 일이다.

일본인 1억 3천만명 중에 예수를 믿는 성도가 다 합해서 25만명이 넘지 않는다. 일본에 가서 길거리를 다녀 보면 한국처럼 쉽게 십자가를 찾아보기도 힘든 게 현실이다. 보통 교회가 50명의 성도가 넘지 않는 곳이 많았다. 그 곳에서 복음을 전하는 목사님들은 신도가 적어서 편의점에서 아르바이트를 하거나 택시 운전을 하시면서 생계를 이어 가신다고 한다. 특히 한국에서 복음을 전하러 간 선교사님들도 상당히 어려운 상황이다. 그러나 그 속에서 모든 것을 다 접고 오직 일본인들에게 예수를 전하기 위해 목숨 걸고 활동을 하고 계신 분들도 많다. 그 분들에게 고개가 숙여진다.

2017년 11월에는 동경 온누리교회에 간증을 하러 가게 되었다.

그렇게 힘들었던 7년의 동경생활! 하나님 없이 나 혼자 헤매며 돌아다녔던 그 곳에 내가 복음을 전하러 가는 것이다.

어디서부터 어떻게 이야기해야 할지 알 지 못했다.

간증 당일 새벽 3시에 나는 눈을 떴다. 마치 하나님이 나를 깨우신 것 같았다. 그리고는 내게 이렇게 질문하시는 것 같았다.

'오늘 교회에서 어떻게 간증을 할 거냐?'

'평소 때처럼… 하면 되는 것… 아닌가요?'

쭈빗쭈빗하는 나에게 하나님은 '사제불이(師弟不二)'라는 단어를 떠올리게 하셨다.

그 전에 내가 믿던 일본 종교에는 '사제불이'라는 말이 있다. 스승과 제자가 둘이 아니다라는 정신!

그 종교를 믿는 많은 일본 연예인과 스포츠 선수, 정치인들은 그 종교를 이끄는 회장을 스승으로 생각해서 그 분을 닮아간다는 마음으로 '사제불이'의 정신으로 살아간다.

나도 일본에서 생활할 때 그 생각을 하며 진짜 열심히 종교활동을 해왔다. 그 곳이 온누리교회가 있는 신주쿠 바로 옆에 위치하고 있었다.

하나님은 뜬금없이 과거의 내 종교생활에서 사용했던 그 단어를 떠올리게 하신 것이다.

'너는 예전에 스승과 제자가 둘이 아니라는 사제불이 정신으로 사람을 존경했는데… 그 사람이 널 위해 죽어 주었냐?'

'아뇨. 아직 살아 있다고 하던데요'

'예수는 너를 위해 죽었다. 너의 죄를 감당하기 위해 십자가에서 마지막 피 한 방울까지 아낌없이 다 흘리고 죽었다. 그런데 너는 너를 위해 죽은 예수를 하루 24시간 중에서 얼마나 생각하며 사니? 예수와 네가 둘이 아니다라는 생각은 진심으로 하니?' 머리를 한 대 맞은 것 같았다. 이 세상 어떤 종교도, 어떤 철학도, 어떤 사람도 날 위해 대신 죽어준 존재는 없다. 날 위해 십자가에서 죽으신 분! 그게 바로 하나님의 사랑이자 예수님이신 거다.

아침에 일어나 새벽에 하나님께서 주신 생각을 남편한테 이야기했다. 그랬더니 남편이 말했다.

"예아불이(耶我不二)네! 예수님과 내가 둘이 아니다라는 마음"

> 내가 그리스도와 함께 십자가에 못 박혔나니 그런즉 이제는 내가 사는 것이 아니요 오직 내 안에 그리스도께서 사시는 것이라 이제 내가 육체 가운데 사는 것은 나를 사랑하사 나를 위하여 자기 자신을 버리신 하나님의 아들을 믿는 믿음 안에서 사는 것이라
>
> (갈라디아서 2장 20절)

그 날 간증에서 나는 이 이야기를 그대로 전했다.

"새벽에 하나님이 깨우셨습니다. 하나님은 내가 혼자 일본에서 다른 종교를 하며 헤매고 있을 때에도 잠잠히 저를 지켜보셨고 때를 기다리셨습니다. 어제 새벽, 내가 이전에 내 신념으로 믿었던 '사제불이' 정신을 떠올리게 하셔서 그 마음을 '예아불이'로 바꾸어주셨습니다. 이제 저는 예수님과 함께 삽니다. 우리를 위해 죽고 다시 부활하신 예수님과 함께 영원히 살아갑시다."

모든 분들이 나를 통해 전해진 하나님의 반전 드라마에 감동의 눈물을 흘리셨다. 하나님의 계획하심은 내가 다 알지 못한다. 다만 주님이 가라 하시면 가고, 서라 하시면 설 것이다. 앞으로 하나님께서 나에게 일본에서도 복음을 전할 기회를 주시면, 그 때마다 나는 순종하며 갈 것이다.

집사님, 기적이 일어났어요!

어느 날 성경을 읽는 다양한 어플을 검색하다가 '드라마바이블'이 있다는 것을 알게 되었다.

차인표, 한인수, 이재룡, 정선희, 최윤영, 추상미 등 100여명의 연기자와 성우들이 함께 참여했고, 4년 여간의 제작 과정을 거쳐 만들어진 것이었다. 동료 연예인들의 목소리로 성경이 마치 드라마처럼 녹음되었다는 것이 매우 반갑고 흥미로웠다.

얼마 후, 나는 이 드라마바이블을 만든 재단에서 근무하는 분과 우연히 알게 되었다. 아니, 어쩌면 내가 드라마바이블과 인연을 맺기 위해 하나님께서 예비하신 필연일 것이다. 주님의 계획하심 안에서 우연이란 없지 않은가!

드라마바이블을 제작한 재단의 대표님과는 성경에 관한 공통 관심사로 많은 대화를 나누며 꾸준한 교류를 할 수 있었다. 그러던 중 드라마바이블의 일부분을 수정 녹음해야 할 일이 생겼고, 이 때 나도 나의 목소리를 녹음하며 멤버로 합류할 수 있는 기회를 갖게 되었다.

드라마바이블 중에서 나는 욥의 아내와 모세의 누이인 미리암의 목소리를 연기했다.

*욥의 아내

그의 아내가 그에게 이르되 당신이 그래도 자기의 온전함을 굳게 지키느냐 하나님을 욕하고 죽으라

(욥기 2장 9절)

*미리암

…너희는 여호와를 찬송하라 그는 높고 영화로우심이요 말과 그 탄 자를 바다에 던지셨음이로다

(출애굽기 15장 21절)

그들이 이르되 여호와께서 모세와만 말씀하셨느냐…

(민수기 12장 2절)

그리고, '시편 149편'도 낭독하였다.

> 할렐루야 새 노래로 여호와께 노래하며 성도의 모임 가운데에서 찬양할지어다
> 이스라엘은 자기를 지으신 이로 말미암아 즐거워하며 시온의 주민은 그들의 왕으로 말미암아 즐거워할지어다 춤추며 그의 이름을 찬양하며 소고와 수금으로 그를 찬양할지어다
> 여호와께서는 자기 백성을 기뻐하시며 겸손한 자를 구원으로 아름답게 하심이로다
> 성도들은 영광 중에 즐거워하며 그들의 침상에서 기쁨으로 노래할지어다 그들의 입에는 하나님에 대한 찬양이 있고 그들의 손에는 두 날 가진 칼이 있도다
> 이것으로 뭇 나라에 보수하며 민족들을 벌하며 그들의 왕들은 사슬로, 그들의 귀인은 철고랑으로 결박하고 기록한 판결대로 그들에게 시행할지로다 이런 영광은 그의 모든 성도에게 있도다 할렐루야

한국의 드라마바이블 제작에 투자한 미국의 재단은 지금도 월가에서 지난 6년동안 매주 금요일 아침 7시 30분에 커뮤니티 성경읽기를 하고 있다. 나도 뉴욕에 갔을 때 이 커뮤니티 모임에 참석한 적이 있는데, 미국인들과 영어로 된 드라마바이블을 들으며

조용히 말씀을 묵상하는 시간이 참 은혜롭고 좋았다.

사람들이 혼자서는 성경이 어려워 잘 읽어내지 못하기 때문에, 이것을 보완하는 하나의 방책으로 드라마 바이블이 만들어졌다. 예배시간에 보통 성경을 1, 2분 밖에 읽지 못하지만 녹음된 성경을 일주일에 한번 공동체가 만나서 드라마바이블을 틀어놓고 들으면 함께 말씀을 묵상할 수 있다. 성경을 다 녹음한 시간이 85시간 밖에 안되니 일 주일에 한 번씩 한 시간씩 듣는다면 일년에 성경 전체를 한번 들을 수 있게 되는 거다.

성경은 원래 혼자 읽는 것이 아니라 함께 읽도록 만들어졌다.

모세, 여호수아, 요시아, 느헤미야, 에스라는 회중들과 함께 성경을 읽으며 다 같이 크게 회개했고 그 때마다 하나님께서 다시 나라를 회복시켜 주셨다. 그래서 커뮤니티로 팀을 구성해서 함께 성경을 읽어나가며 하나가 될 때 하나님은 우리에게 큰 힘을 주신다. 하나님의 형상대로 지어진 사람은 엄청난 가능성을 가진 존재이다. 그러나 사람을 성장하게 하는 것은 오직 하나님의 말씀을 함께 읽으면서 성령님과 깊은 교제를 통하여 예수님을 더욱 깊이 알고 사랑하며 따르는 것이다.

'드라마바이블'을 통해 놀라운 역사가 일어난 한 사례가 있다.

경북의 어느 교회에서 유치부를 섬기는 한 젊은 전도사님을 평소 알고 지내었는데, 나는 이 전도사님에게 드라마바이블을 들으며 성경을 읽으라고 권유했다. 그 이유는 시력이 매우 안 좋은 이 전도사님이 귀에 쏙쏙 잘 들어오는 드라마바이블을 들으면 성경 읽기에 도움이 될 것이라고 확신했기 때문이다.

이 전도사님은 본래 시력이 그리 썩 좋지 못했었는데, 설상가상으로 중학교 2학년 때 눈을 다쳐서 시력이 더욱 안 좋아지게 되었다. 오른쪽 눈을 다친 지 몇 일 안되어 시력 저하가 급격히 진행되었고, 정상이었던 왼쪽 눈까지 전이되었다. 일주일이 지나서는 다친 오른쪽 눈보다 전이된 왼쪽 눈이 더 안 좋아지는 상태에 까지 이르렀다. 시력이 계속 안 좋아져서 찾게 된 병원에서는 '레버시 시신경 위축증'이라는 진단을 받았고, 담당 의사는 지금의 0.3인 교정시력이 점점 나빠지다가 결국엔 시력을 잃게 될 수 있다고 했단다.

내가 드라마바이블 듣기를 권유한 지 몇 개월이 지나서 이 전도사님에게 전화가 걸려 왔다.

"집사님. 기적이 일어 났어요!"

"네? 무슨…"

"병원에서 오늘 시력을 측정했는데 교정시력이 0.4가 나왔어요. 의사도 놀라면서 있을 수 없는 일이래요"

"어머나, 세상에!"

"이게 다 드라마바이블을 들으면서 성경을 매일 20장씩 열심히 읽은 후부터 일어난 일이에요! 성경을 들으며 읽으니까 오히려 눈이 더 좋아졌어요! 하하"

이 전도사님은 본인의 시력이 저절로 좋아진 것이 아니라, 성경을 듣고 읽으면서부터 몸소 느꼈다는 것을 재차 강조했다.

하루에 성경을 20장씩 읽으면 눈에 피로가 와서 오히려 시력이 더 나빠질 것 같은데… 전도사님의 시력은 의사를 놀라게 할 만큼 반대로 역진행을 하고 있었던 것이다.

전도사님은 밝은 목소리로 또 반가운 소식을 전했다.

"집사님이 알려 주신 대로 교회의 동료 교사들과도 커뮤니티를 만들어서 성경 읽기를 시작했어요. 모두가 너무 좋아하며 잘 해가고 있어요. 감사합니다." 놀랍고 반가운 소식을 들으니 나도 모르게 감동의 눈물이 흘렀다.

'할렐루야! 반전의 하나님 정말 감사합니다!'

아나까나 말고 찬송을?

남편과 새벽기도를 나가던 어느 날, 기도회를 갔다 온 후 남편이 혼자 식탁에 앉아서 뭔가 끄적이고 있었다.

'OJEY' 라고 쓴 후에 J위에 왕관을 그리고 있는 게 아닌가?

"뭐해?"

"그냥 내가 할 일을 그려보는 거야"

"OJEY가 뭐야? "

"Only Jesus Enters You! 예수님이 당신에게 들어가신다는 뜻인데 새벽 기도 중에 갑자기 예수님이 나귀를 타고 예루살렘으로 입성하시는 모습에서 떠올렸어. 나도 이제 정말 예수님이 사람들에게 들어가실 수 있는 그런 일을 해야겠다는 생각을 했어."

남편은 나를 만나기 전에 중국에서 사업을 했었고 교회를 다니는 교인이었지만 대부분의 사람들과 비슷하게 그 동안은 자신의 사업이나 일 때문에 바빠서 한 번도 하나님에 관련된 일을 생각해 본 적이 없었다. 나를 만나서 같이 성경을 읽으며 믿음이 더 깊어졌고 이제는 진심으로 하나님을 빛낼 수 있는 일을 하고 싶다는 생각이 강해진 것이다.

그렇게 자연스럽게 마음을 먹기 시작했고 '오제이'가 만들어진 후에야 비로소 내 간증 사역이 시작되었다. 언제나 남편은 내 옆에서 혹시 내가 실수는 하지 않는지 사람들을 대할 때 부족한 것이 무엇인지를 체크하며 도와주었다. 때로는 잔소리 같아서 듣기 싫어했지만 결국은 남편이 지적한 부분을 나도 모르게 고쳐간다. 그것을 서로가 알기에 우리는 든든해한다.

주일 예배가 끝나고 우리 둘은 가까운 도서관을 찾았다. 남편이 책 한 권을 뽑아서 들었다. '하나님의 연주자'라는 제목의 책이었다. 바로 '송솔나무'라는 플루티스트의 자서전이었다. 남편은 그 책을 읽는 내내 울었다. 힘들었던 어린 시절이 너무도 송솔나무와 흡사하다며 가슴 아파했다. 그리고 언젠가는 이 분을 만날 것 같다고 이야기했다.

시간이 흐른 후 나는 한 기독교 방송에서 특집방송을 하게 되었고, 그 날 우리 부부는 특송을 연주한 송솔나무 집사님을 만나게 되었다. '어메이징그레이스'라는 곡을 생방송 중에 감동적으로 연주하는 그 모습을 보게 되었고, 나는 그것을 계기로 그 분을 위해 기도하기 시작했다.

심장도 좋지 않고 호흡기도 좋지 않은데 선교사로서 전세계를 다니며 복음을 전하는 모습에 진심으로 마음을 담아 기도했다. 특히 드라마 동이, 이산의 주제곡을 부른 후 일본에서도 유명해지고 후쿠시마 원전 이후 모두가 다 선교를 꺼려하는 속에 오히려 송솔나무 집사님은 앞장서서 그 분들을 치유하러 일본 행을 택했다고 한다. 그렇게 만난 인연에서 송솔나무 집사님과의 만남은 계속 이어졌다.

어느 날 송솔나무 집사님은 자신이 예전에 써 놓은 찬양곡이 있다고 했다. 그리고 예전에 어노인팅 멤버였던 편곡자 김사무엘 목사님과 나의 간증이야기를 주고 받다가 갑자기 두 분이 함께 곡을 썼다며 나에게 들려 주었다. 그것이 계기가 되어서 찬송과 찬양을 함께 불러 음반을 내게 되었다.

그전에 내가 노래를 부르던 스타일은 '아나까나까나리까니키퍼웨이~바리소올라잇' 하며 팝송을 들리는 대로 코믹하게 소리를 질러가며 불렀는데 내가 어떻게 하나님의 노래를 부를 수 있단 말인가? 그런데 하나님은 그 일을 하게 하셨다.

좋아하는 찬송가를 찾아보니 모두 1800년대 곡들이었고 그 찬송 한 곡 한 곡이 모두 성경 구절이 비롯되어 쓰여졌다는 것을 알게 되었다.

성경을 녹음하며 읽어 온 터라 이왕 찬송을 녹음 하려면 전주와 간주 부분에 성경 낭독을 넣자라고 남편이 아이디어를 내었다. 찬송가 열 여덟 곡과 창작곡인 찬양 네 곡을 넣어서 총 스물 두 곡을 1, 2집으로 나누어 담았다.

CCM을 처음 불러 보기에 그냥 내 스타일 대로 녹음을 하기 시작했고 여덟 곡 정도를 녹음했다. 그 동안 프로듀서를 맡은 송솔나무 집사님은 아무 말도 하지 않았다.

그러다가 '예수 나를 위하여'라는 곡 녹음을 할 때였다. 나는 계속 녹음하던 대로 감정을 넣어서 부르기 시작했다.

"~예수 나하를~ 위이하여허~~"

온갖 감정과 바이브레이션으로 변화음을 섞어가며 불렀다.

갑자기 마이크를 열고 송 프로듀서님이 말했다.

"집사님! 변화음을 주지 말고 악보에 있는 그대로의 음으로 해주세요!"

'엥? 지금까지 잘 녹음 해왔는데 그대로의 음은 뭐지?'

나는 알 수가 없었다. 하지만 프로듀서가 원하기에 악보를 보며 딱딱하게 불렀다.

"예수… 나를… 위하여… 십자가를 질… 때"

"집사님 감정이 없어요… 감정 넣고 다시 할게요!"

"~예해 수우~ 나하를위히하여~~"

"변화음 주지 마시고 악보대로 하세요!"

그렇게 두 시간 이상을 시간을 끈 거 같다.

'일부러 딴지를 거는 건가? 뭐가 잘못되었다는 거지?'

정말 모르겠는 거다.

그러다가 내가 바닥에 주저 앉았다. 무더운 여름이었는데 좁은 녹음실에서 소리 난다고 에어컨을 틀 수도 없었고 목소리는 안 나왔고 너무도 힘들었다. 나는 한탄 하듯이 주저 앉아서 소리쳤다.

"하나님! 저 못하겠어요! 저는 CCM 가수도 아니고 못 알아 먹겠어요. 제가 무슨 노래에요?"

나도 방송물도 먹고 베테랑인데 자존심이 건드려 진 불쾌함이 내 마음에 가득했다. 그러니까 타협하기 싫었고 그냥 하겠다는 고집을 부렸던 것 같다.

그 때 하나님이 마음을 주셨다.

'이 노래들로 한 사람의 영혼을 건질 수도 있는데, 너의 고집스런 자존심을 버리고 순수한 아이같이 불러라!'

다시 일어섰다.

'그래 나를 버리고 오직 예수님을 담는 마음으로 노래하자!'

그리고 악보를 보며 변화음을 넣지 않고 순수하게 부르기로 마음먹었다.

먼저 전주에 성경을 낭독했다.

'또 십자가로 이 둘을 한 몸으로 하나님과 화목하게 하심이라 원수된 것을 십자가로 소멸하시고 또 오셔서 먼데 있는 너희에게 평안을 전하시고 가까운 데 있는 자들에게 평안을 전하셨으니'

그리고 노래를 했다.

"예수 나를 위하여 십자가를 질 때 세상 죄를 지시고 고초 당하셨네… 십자가를 지심은 무슨 죄가 있나 저 무지한 사람들 메시야 죽였네~ 예수님! 예수님! 나의 죄 위하여 보배 피를 흘리니 죄인 받으소서!"

노래 부르는 도중 눈물이 흘러 내렸다. 정말 예수님이 십자가에 못 박혀 마지막 피 한 방울까지 다 흘리며 우리를 위해 죽으시는 모습이 상상되어 찢어질 듯이 마음이 아팠다.

그렇게 녹음을 끝내고 밖으로 나오니 송솔나무 집사님과 남편이 밖에서 울고 있었다.

그제서야 알았다. 예수님의 마음을 담아 노래하는 것은 어떤 기교나 감정이 아니라 내 자신을 내려 놓고 그 분과 하나가 되어 진심으로 느끼는 것이라는 것을!

'나의 갈길 다가도록' 이라는 찬송곡은 디모데후서 4장 4절부터 9절이 바탕이 된다.

사도 바울이 감옥에 있을 때 자신의 죽음을 감지하고 아들과 같은 제자 디모데에게 자신의 마음을 편지로 당부하는 내용이다.

또 그 귀를 진리에서 돌이켜 허탄한 이야기를 따르리라
그러나 너는 모든 일에 신중하여 고난을 받으며 전도자의 일을 하며 네 직무를 다하라. 전제와 같이 내가 벌써 부어지고 나의 떠날 시각이 가까웠도다

나의 갈길 다가도록 예수 인도하시니 그의 사랑 어찌 큰 지 말로 할 수 없도다
성령 감화 받은 영혼 하늘나라 갈 때 영영 부를 나의 찬송
예수 인도 하셨네 영영 부를 나의 찬송 예수 인도 하셨네

나는 선한 싸움을 싸우고 나의 달려갈 길을 마치고 믿음을 지켰으니
이제 후로는 나를 위하여 의의 면류관이 예비되었으므로 주 곧 의로우신 재판장이 그 날에 내게 주실 것이며 내게만 아니라 주의 나타나심을 사모하는 모든 자에게도니라너는 어서 속히 내게로 오라

찬송을 녹음하는 동안 사도 바울의 그 마음이 느껴졌다.

예수를 믿는 자들을 핍박하며 잡아죽이고 결국 스데반까지 죽음으로 몰았던 사도바울. 그가 다메섹에서 예수님을 직접 만나 자신이 공부하고 알고 있었던 성경의 모든 내용이 예수님에 관한 이야기였음을 깨닫고 평생을 핍박과 고난을 받으며 이방인들에게 예수를 전한 사도 바울.

정말 사도 바울을 닮고 싶다라는 깊은 생각이 들었다.

미국 LA에는 내가 참 존경하는 여장부 선교사님이 계신다. 우리나라 군인들과 세계 곳곳의 가난한 지역의 영혼들에게 복음을 전하기 위해 애쓰시는 선교사님이시다. 최근 이 선교사님과 통화하다가 감동적인 이야기를 들었다. 작년에 선교사님은 선교에 쓰기 위해 내 찬송 음반CD를 여러 장 구입해 주셨는데, 덕분에 선교사님이 섬기시는 교회의 성도 님들도 내 찬양 음반을 듣게 되었다. 그런데, 한 성도님의 아들인 여덟 살 짜리 꼬마가 내가 부른 찬양 중 '나 살았네'라는 곡을 너무도 좋아한다는 것이다. 이 꼬마는 본래 어린 아이인데도 불구하고, 어른들 보다 더 찬양도 즐겨 부르고 기도도 열심히 하는 '성령 충만 꼬마'로 교회에서 이름이 나 있다고 한다.

그런데, 그 꼬마가 차에 만 타면 아빠에게 CD를 틀어 달라고 하고, '나 살았네'를 따라 부른 다는 것이다.

"아빠~ 난 이 찬양이 제일 좋아!… 나 살았네 주 보혈 안에서,

나 살았네 주 능력 안에서…" 이러면서 말이다.

언젠가 기회가 되면 이 고맙고 기특한 꼬마 앞에서 라이브로 '나 살았네' 찬양을 불러 주고 싶다.

스물 두 곡의 찬송 음반 CD가 나왔을 때 가장 먼저 들려주고 싶었던 것이 엄마였다. 내가 예수를 믿게 된 것을 탐탁지 않게 생각한 엄마였지만 그래도 딸이 노래한 거라면 들어줄 것 같았다. 그래서 한 곡 한 곡 녹음할 때마다 엄마가 예수님의 마음을 느낄 수 있도록 기도하며 불렀다. CD가 나왔을 때 CD플레이어를 사 들고 엄마 집을 찾아갔다. 그리고 조용히 식탁 옆에 CD와 함께 놓고 왔다.

그리고 며칠 지나고 엄마 집에 갔을 때 CD플레이어가 플러그에 꽂혀 있지 않은 것을 발견했다. 속상하기는 했지만 하나님이 엄마에게 정한 하나님의 시간표를 기다리며 잠잠히 기도한다.

내가 처음 교회에 가서 찬송가 310장 '아 하나님의 은혜로'를 듣고 마음이 움직인 것처럼… 언젠가 찬송을 듣게 될 엄마의 마음도 성령님이 만져 주시기를…

엄마, 종교 바꿨어?

아이들을 생각하면 마음이 먹먹해진다. 늘 미안한 마음뿐이고 안타까운 마음이다.

내가 하나님을 믿고 성경을 읽으면서 가장 큰 변화는 바로 우리 아이들에게 있었다.

처음 내가 교회를 다니고 성경을 읽으며 너무 좋아서 딸 윤아에게 교회를 가자고 권유를 하자 딸의 반응은 싸늘했다.

"엄마, 종교 바꿨어?" 라며 자기는 별로 교회에 다니고 싶지 않다고 했다.

윤아는 어렸을 때부터 엄마와 대화하고 싶어했고, 엄마와 함께 시간 보내기를 원했다. 그러나 워낙 정신 없이 바쁜 엄마로 인해 조금씩 그 마음의 문을 닫기 시작했다. 자신의 속을 나에게 보이지 않고 혼자 결정하고 혼자 삭혔다. 그러다가 정서적으로 상당히 불안정한 상태까지 가게 되었다.

엄마의 빈자리를 채우기 위해 미친 듯이 공부했다. 나는 윤아가 공부를 좋아하고 잘하는 것이라고 뿌듯해 하며 그렇게 상관하지 않았다. 그런데 그것이 자신을 스스로 괴롭히는 형식으로 탈바꿈 해 갔다. 시험이 있는 며칠 전부터는 예민해져서 밥도 잘 안 먹고 신경질적인 태도를 보였다. 중학교 3학년때까지 한번도 전교 1등을 놓치지 않았던 그 아이를 보며 나는 사람들에게 자랑거리로 삼았다. 그것이 얼마나 외로운 길이었는지도 알지 못한 채.

윤아가 그렇게 공부 잘한다고 성미 언니한테 자랑하자 언니는 그 때 걱정을 했었다. 그래도 나는 아랑곳하지 않았다. 명문고등학교를 들어가 기숙사 생활을 하던 윤아는 결국 석 달 만에 학교를 그만두었다. 자신이 왜 일류대학을 가기 위해 감옥과도 같은 삶을 살아야 하는지 모르겠다고 말했다. 이제 더 이상 공부가 진절머리 나도록 싫다고 했다.

그리고 바닥과도 같은 심리상태에 빠져들어가 자퇴를 한 후에는 내 곁에서 1년 4개월을 아무 것도 하지 않고 집에서 시간을 보냈다. 그 시간은 우리에게 참 많이 아픈 시간이었지만, 한편으론 그 동안 돌보아 줄 수 없었던 딸을 곁에서 지켜보는 귀중한 시간이기도 했다. 나는 딸에게 내가 믿게 된 하나님에 대해 이야기하면서 교회에 같이 가자고 했다.

그러나 엄마와의 관계회복이 없이 그 아이에게는 그 어떤 말도 들리지 않았던 것 같다.

내가 집에서 성경을 읽고 찬송을 부르는 것 자체도 힘들어 했다. 학교를 그만두고 윤아는 자기 방에 틀어박혀서 그냥 마치 시체놀이 하듯이 그렇게 시간을 흘려 보내고 있었다.

나는 무엇부터 풀어야 할 지를 몰랐다. 어색한 분위기는 너무도 싫어해서 살갑게 물어보는 것도 잘 하지 못하는 나였다. 그러던 어느 날 둘이 말다툼을 하게 되었다. 학교를 그만 두고 그렇게 있는 것이 눈에 거슬렸던 나는 윤아의 사소한 행동에 대해 불만을 쏟아내었다. 서로가 예민한 상태에서 서로를 이해하지 못하는 상태에서 생채기만 내는 딱딱한 말들만 오갔다. 도대체 내가 뭘 잘못했는지 말하라고 소리쳤을 때 윤아는 그 큰 눈으로 울면서 자기의 마음을 나에게 털어놓았다. 자신이 얼마나 외로웠는지 얼마나 무서웠는지… 부모의 이혼, 공부에 대한 부담감, 외로움 등등 아이는 정말 많이 아파하고 괴로워하고 있었다. 일본에 있을 때 국제 전화로 엄마에게 울며 매달린 이후 처음으로 자기의 속을 털어낸 것이다.

그 날 저녁 나는 혼자 교회를 갔고, 평일이라 아무도 없는 조용한 예배당에 앉았다. 십자가 주위만 발갛게 불이 들어 와 있고 아무 불빛도 없는 곳에서 나는 아무 말 없이 십자가를 바라 보고 있었다. 눈물이 흘러 내렸다. 하나님은 사랑이신데… 우리를 위하여 자신의 아들도 아낌없이 내어주신 분인데 나는 그 분을 믿는다면서 여린 내 딸 하나도 진심으로 사랑하지 못하는 것에 너무도 죄스러웠다. 회개의 기도를 했다. 나 같이 자격 없는 엄마 때문에 저렇게 아프게 된 아이를 치유하게 해달라고.

집에 돌아왔을 때 윤아는 자기의 방에서 천장을 보고 누워있었다. 나는 윤아 앞에 다가가 앉았다.

"윤아야! 엄마가 정말 미안하다. 엄마가 부모공부를 하지 못하고 너를 키웠고 너무도 많은 아픔을 주었다. 어렵겠지만 용서해주라! 미안하다"

윤아는 울면서 자신의 속을 다 털어내었고 우리는 그렇게 오랜 시간 동안 속안에 있는 묵은 찌꺼기들을 쏟아내며 그 밤에 엉켜진 실타래들을 하나씩 하나씩 풀어 나갔다.

그 일이 있고 며칠 후 주일날 윤아가 안방 문을 두드렸다. 딸은 교회를 가겠다고 했다. 나중에 물어 보았다. 왜 교회를 갈 마음이 들었냐고 그랬더니 윤아가 하는 말

"내가 엄마를 아는데, 엄마는 절대 바뀔 사람이 아닌데 이렇게 달라진 걸 보니 엄마가 믿는 하나님은 대단하신 분 같아. 나도 그 분을 알고 싶었어"

그 후에 윤아는 성경통독을 나랑 두 번이나 했다. 하루 종일 성

경을 카톡으로 녹음하며 또 읽고 또 읽으며 하나님을 알아나가려 애썼다.

어느 날은 예레미야 52장, 예레미야애가 5장, 에스겔 48장을 쉬지 않고 한 번에 다 녹음해서 올린 적도 있다. 총 5시간 반에 걸쳐서… 그렇게 딸 윤아는 엄마와의 관계회복 속에서 성경을 읽으며 하나님을 향한 사랑과 믿음이 두터워져 가고 있었다.

아들 우주는 어렸을 때부터 엄마를 따라 SBS 예능프로 '붕어빵'부터 시작해서 이런저런 방송을 해왔다. 그래서 다른 아이들보다 더 성숙한 모습들이 있었다. 하지만 우주도 표현하지 않지만 마음 깊은 곳에 정서적으로 많은 아픔을 가지고 있었다. 다행히 새 아빠를 좋아해서 잘 따르고 대화도 했지만 하나님에 대해서는 알려고도 하지 않았다.

엄마와 아빠가 라면을 끓여 먹으면서 식사 기도를 하고 있으면 옆에 앉아서 기도하는 것을 방해했다.

"아 뭐야! 이 라면은 라면회사가 만든 건데 누구한테 기도하는 거야! 나무아미타불!"

거기에 아빠가 맞서서 이야기했다.

"그럼 우주야. 라면의 원재료인 밀가루는 어디서 나왔지? 그 밀의 씨앗은 누가 만들었을까?"

농담처럼 던진 자신의 개그가 이렇게 심오한 논쟁으로 커지자 우주는 말꼬리를 흐리며 이렇게 말했다.

“아 몰라요… 너무 깊게 들어가지 마요”.

사실 우주는 처음에 축구 골키퍼를 시도했으나 경쟁하며 사는 것이 너무 힘들다고 갈등하다가 축구를 그만두고 드럼을 배운 적이 있었다. 우리가 찾은 드럼 학원의 선생님이 신실한 크리스천이라서 우주는 그 선생님을 따라서 교회에 나가게 되었다. 아직 하나님의 존재와 예수 그리스도에 관해 잘 알지 못했지만 그래도 주일이 되면 교회를 가려고 하는 자세로 바뀐 것만 해도 너무 기쁘고 대견했다. 아빠, 엄마, 윤아, 우주가 다 같이 교회에 예배를 갔던 첫 날 우주가 쳤던 개그를 잊을 수가 없다. 네 명이 나란히 쪼르륵 앉아서 목사님 설교를 듣고 은혜로운 찬양을 하고 마쳤다. 자리에서 일어나며 우주가 이렇게 말했다.

“하나님도 무기가 있네!”

“뭐… 어떤 무기?”

“은총!”

그리고 얼마 후 우주는 본인이 다니던 교회에서 어느 한 누나를 좋아하게 되었다. 사랑에 빠진 것이다. 여름방학 때 믿음이 신실한 그 누나가 매일 새벽기도를 가자 우주도 새벽 4시반만 되면 일어나서 자전거를 끌고 교회로 향했다. 기도할 것이 많아서가 아니라 그 누나에게 자신이 그렇게 열심히 기도하며 하나님을 믿는다는 것을 보여주기 위함이 더 컸다. 새벽에 일어나서 그냥 교회에 가면 되는데 꼭 가기 전에 나를 깨워서 토스트라도 해달라고 졸랐다. 나는 잠이 덜 깬 채 눈을 비벼가며 새벽기도를 가려는 아들의 새벽밥을 차려 주었다. 기도를 하러 가는 그 자체가 너무도 예쁘고 기특해서였다.

우주는 그 누나가 잘 볼 수 있는 강대상 바로 밑에 무릎을 꿇고 큰 소리로 기도했다고 한다. 마치 바리새인이 보여주기 식으로 기도했던 것처럼 누나에게 보여 주기 위해서 말이다.

어떤 때는 기도를 하다 하다가… 할 것이 바닥나서 옛날에 키우던 '밍키'라는 개의 건강까지도 기도했단다. 아마 우주의 기도 덕에 밍키는 잘 살 거다. 그렇게 새벽기도를 다닌 지 2주가 지나던 어느 날, 새벽기도를 갔다 돌아온 우주가 자전거를 집어 던지고 현관문을 들어와서는 씩씩대며 나에게 소리쳤다.

"하나님은 존재 하지 않아!"

"왜?"

"하나님이 존재하신다면 내가 매일 잠도 안자고 2주동안 새벽기도를 갔는데… 그럼 그 누나가 나를 좋아해 줘야 되는 거 아냐? 근데, 쳐다보지도 않아! 내 기도를 하나도 안 들어주는데 하나님이란 존재가 어디 있어?" 하며 자신의 방문을 '쾅!'하고 닫고 들어가 버렸다. 우주의 그런 행동을 보고 있을 때 하나님이 나에게 이런 마음을 주셨다.

'네가 성경을 읽지 않고 자신이 상상한 하나님에게 본인이 원하는 것을 잔뜩 기도한 다음 이루어지지 않으면 하나님이 존재하시는 거야? 시험에 드네! 믿을 수가 없어! 라고 하는 것이 우주의 모습과 똑같다'

이랬던 우주에게도 반전이 일어났다.

지금 우주는 기독학교에서 하나님을 찬양하며 본인이 관심 있는 분야를 열심히 공부하고 있다.

엄마에게 한번도 칭찬을 하지 않고 늘 삐딱하게 말했던 우주의 행동도 달라졌다. 사춘기이기도 한 시기라서 언제나 엄마랑 대화하면 눈도 마주치지 않고 고개를 숙이고 대화를 나누던 아이가 자연스럽게 그 입에서 엄마를 칭찬하는 소리가 나오기 시작했다.

어느 날 나는 식탁에 앉아서 성경을 읽고 있었고, 우주는 앞에서 컴퓨터를 하고 있었다. 그 때 우주가 대뜸 이렇게 말했다.

"엄마는 어떻게 그렇게 어려운 성경을 소리 내서 잘 읽어? 그리고 일본어도 잘하고, 중국어도 잘 하고, 영어는 언제 또 배웠어? 나는 중학생인데도 너무 어려운데"

진짜 오래 살고 볼일이다. '할렐루야'다. 그렇게 우주와도 대화가 이어졌다.

"엄마 성경 안 어려워? 나는 몇 번 읽어보려다가 창세기부터 턱 걸렸어!"

"엄마도 처음에는 어려웠어! 근데 우주는 뭐 공부하고 싶다는 생각이 들었어?"

"아! 나는 이제 마음을 정했어! 공대를 갈 거야. 가서 VR을 개발할거야"

갑자기 공대를 가겠다는 그 아이의 결심에 궁금증이 생기기 시작했다. 도대체 이 아이의 머릿속에는 어떤 생각이 자리 잡고 있는지 상당히 궁금해졌다.

"VR 만들어서 뭐 하려구?"

자신도 예전과는 다르게 이제 하나님께 기도도 하고 예배도 드리니 뭔가 엄마한테 그럴듯한 이야기를 해주고 싶다는 생각을 한 것 같다.

"아~ VR을 만들어서 몸이 아파서 가족들과 제주도를 여행갈 수 없는 사람에게 제주도를 똑같이 구경하는 것처럼 보여주는 그런 것도 만들고 싶고…"

"우주야! 진짜 너무 멋있다. 어떻게 그런 생각을 했어?"

내가 칭찬을 늘어놓자 당황했는지 자신의 속내를 솔직하게 말했다.

"사실은 게임이 좋기도 하고 또 VR을 만들면 돈 많이 벌잖아. 나는 성공하고 싶어서 그 일 할거야!"

내가 말했다.

"우주야~ 우리의 인생에서 뭐가 성공일까? 돈 많이 버는 거? 이름을 날리는 거? 엄마는 다 해봤는데 인생에서 가장 중요한 건 그게 아닌 것 같아. 특히 하나님의 존재를 알아가면 알아갈 수록, 성경을 읽어가면 읽어갈수록 더 명확해져"

그 때 우주가 말했다.

"아 엄마는 하나님 만나기 전에 44년을 하고 싶은 다 하고 나중에 깨달은 거잖아. 나는 이제 열 여섯 살이야. 나도 좀 즐길 거 즐기고 나중에 하나님 알아가면 안돼?"

"……"

어린 것이 단순한 계산으로 맹랑하게 말하는 것이 웃기기도 하고 귀엽기도 했다.

하나님께 감사기도를 올린다. 이렇게 가정을 회복해 주심을… 부족한 엄마로 인해 상처받고 힘들어한 우리 아이들을 치유해 주심을… 앞으로도 따뜻한 눈빛과 마음으로 아이들에게 눈을 맞추어서 대화를 해 나가고 싶다. 나는 할 수 없지만 사랑으로 가득하신 주님을 닮아가기 위해 노력하면서 말이다. 또 하나님이 두 아이를 특별히 사랑하고 아껴주실 거라는 것을 믿고 기도 하면서….

이 글을 쓰고 있는 지금 나는 한양대학교 신문방송학 박사과정을 공부하고 있다. 왜 늦은 나이에 또 그렇게 공부를 하느냐고 묻는 사람들도 있다. 때론 바쁘고 몸이 지칠 때는 공부를 병행하는 것이 쉽지 않지만, 하나님의 은혜로 내가 배운 지식을 다시 필요한 곳에 사용하고 나눌 수 있다고 생각하면 즐겁고 감사한 마음으로 학업에 임할 수 있다.

기회가 된다면 다음 세대에게 성경을 재미있게 설명해 주는 동영상을 만들고 싶다. 그 친구들이 하나님의 말씀을 꿀처럼 달게 삼켜서 성경을 제대로 알아갈 수 있도록 말이다.

그래서, '예수를 믿는 것'은 믿어도 되고 안 믿어도 되는 선택과목이 아니라 반드시 믿어야 되는 '필수과목'이라는 것을 깨닫게 해 주고 싶다. 나아가 다음 세대 아이들이 하나님의 마음에 부합했던 다윗과 사무엘과 다니엘과 사도 바울 같은 인재들이 될 수 있도록 돕고 싶다.

그 비밀이 크도다

내가 이 글을 쓰고 있는 2018년 현재, 남편의 외할머니의 연세는 99세이시다. 할머니는 성경 66권의 상당 부분을 거의 외우신다. 눈 뜨면 성경을 읽기 시작해서 잠을 자면서도 성경을 암송하신다. 평범한 할머니지만 그녀의 중보 기도의 능력은 엄청나다. 33세에 교회를 처음 나가기 시작하셨으니, 예수를 믿은 지 65년이 넘으신 거다.

농촌교회에서 종치기 집사를 맡아 종을 치신 일, 병이 든 아들을 살려내기 위해 추운 겨울 얼음을 깨고 차가운 물 속에 들어가 하나님께 매달려 기도하신 일, 삯바느질부터 온갖 궂은 일을 하시면서 번 돈으로 자식들 키워내고 몸이 불편한 이웃과 해외의 선교사님들을 도우셨던 일, 교회에서 열리는 성경암송대회에서 1등을 수십 번씩 하신 일 등등 할머니가 살아오신 인생 스토리를 다 들으려면 며칠 밤을 새도 모자를 지경이다.

할머니는 요즘도 매일 새벽 4시에 일어나 목욕을 하시고, 가족부터 시작해서 이 나라와 민족을, 온 열방을 그리고 전세계에 나가 있는 선교사님들을 위해서 기도 하신다. 귀는 잘 들리시지 않지만 성경을 매일 읽으시는 그 분이 말씀하시는 목소리는 100세를 바라보는 나이를 가늠할 수 없을 정도로 기개와 담대함이 배어 있으시다.

"성경은 곧 하나님이 나에게 들려주시는 말씀이야. 하나님의 말씀을 모르면서 기도한다는 것은 있을 수 없는 일이다. 언제나 말씀을 늘 옆에 두고 앉으나 일어서나 눈뜨거나 눈감거나 묵상해야 돼"

나를 처음 만났을 때 당부하셨던 말씀이다. 마치 신명기의 모세가 이스라엘 민족에게 당부하는 말처럼.

남편과 내가 집들이를 한다고 어른들을 초대했을 때 할머니가 우리의 손을 꼭 붙잡으시며 이렇게 이야기하셨다.

"내가 아주 이전부터 너희 둘을 만나게 해달라고 아침마다 밤마다 하나님께 기도해왔어. 우리 손주가 중국에서 외롭게 있는 모습을 보면서 내가 하나님께 눈물로 매달렸지. 타국에서 절대로 마음 흔들리지 말고 오직 예수를 붙잡고 총명하고 신실한 배필을 만나게 해달라고 말이야… 하나님은 이렇게 힘없고 나이든 여종의 작은 기도 하나도 놓치지 않으시고 귀를 기울여 주셔서 이렇게 너희가 내 앞에서 멋지게 짝을 지어 나타난 거야. 할렐루야"

할머니는 이렇게 말씀하신 후 집들이 선물이라며 똘똘 말아서 노란 고무줄로 묶어놓은 오랜 달력종이를 꺼내 놓으셨다. 달력 뒷면에는 할머니가 직접 외어서 쓰신 성경 구절이 적혀있었다.

아내들이여 자기 남편에게 복종하기를 주께 하듯 하라
이는 남편이 아내를 머리 됨이 그리스도께서 교회의 머리 됨
과 갈음이니
그가 바로 몸의 구주시니라
그러므로 교회가 그리스도에게 하듯 아내들도 범사에 자기
남편에게 복종할지니라
남편들아 아내 사랑하기를 그리스도께서 교회를 사랑하시고
그 교회를 위하여 자신을 주심 같이 하라
자기 앞에 영광스러운 교회로 세우사 티나 주름 잡힌 것이나
이런 것들이 없이 거룩하고 흠이 없게 하려 하심이라
이와 같이 남편들도 자기 아내 사랑하기를 자기 자신과 같이
할지니 자기 아내를 사랑하는 자는 자기를 사랑하는 것이라
누구든지 언제나 자기 육체를 미워하지 않고 오직 양육하여

보호하기를 그리스도께서 교회에게 함과 같이 하나니 우리는 그 몸의 지체임이라

그러므로 사람이 부모를 떠난 그의 아내와 합하여 그 둘이 한 육체가 될지니

이 비밀이 크도다 나는 그리스도와 교회에 대하여 말하노라

그러나 너희도 각각 자기의 아내 사랑하기를 자신 같이 하고 아내도 자기 남편을 존경하라

(에베소서 5장 22절~32절)

손으로 직접 다 쓰셔서 우리에게 건네 주신 에베소서를 할머니는 웅변하시듯이 써있는 것을 보지도 않으시고 암송하신 것을 우리에게 들려주셨다.

다른 어떤 구절보다 남편에게 복종하라는 부분과 '그 비밀이 크도다'가 나에게 와 닿았다. 사실 그 동안 나는 내 힘과 능력만 믿고 살아왔기에 누군가에게 복종, 순종한다는 것을 한 번도 생각해 본적이 없었다. 그런데 하나님은 아내는 남편에게 복종하라고 하셨다. 그러면 사랑을 받고 그 비밀은 크다고…

이 성경을 할머니께 받은 후로 나는 그것을 실천하려 애썼다. 그 비밀이 너무도 궁금해서…

그래서, 한 번 남편에게 순종해보기로 결심했다. 그런데 그게 결코 쉽지가 않았다. 특히 어렸을 때부터 사랑을 받아오지 못한

나는, 서운한 마음을 상대에게 심하게 삐치는 태도로 표출했다. 남편이 뭐라고 말한 것이 마음에 들지 않으면 말을 안 하거나 표정이 굳어지거나 잔뜩 찌푸린 얼굴로 퉁명스럽게 대답했다. 그러면 상대는 기분 나빠하며 화를 내었다. 교회를 다니고 성경을 읽는다고 하더라도 쉽게 고쳐지지 않는 것이 쓴 뿌리인 거다. 사랑받기 위해 나는 삐치고 화나서 불만을 이야기할 때 방법을 바꾸어 보았다. 혀를 짧게 하는 거다.

"자기는 왜 나한테 그렇게 말했떠여? 내가 기분이 쫌 나빴떠여!" 혀를 짧게 하며 말하니 이게 삐친 건지 화가 난 건지 남편이 잘 구분 못하는 것 같았다. 그렇게 순종을 특이하게 내 방식대로 해나갔다. 그러면서 놀라운 일이 벌어졌다. 내가 진짜 진짜 사랑을 받게 된 것이다. 귀엽고 예쁘다고 말해주었다. 그 비밀은 컸다. 지금도 남편한테 자신의 말투나 행동 때문에 사랑 받지 못하고 관계가 덜거덕거린다면… 아내들이여, 혀 짧은 소리를 내보는 것은 어떨까?

99세의 할머니의 하나님에 대한 확신은 마치 옛날 아브라함을 보는 것 같았다. 누군가는 그렇게 나이 많으신 할머니가 이 세상에서 무슨 일을 할 수 있을까라고 말할지 모르지만 적어도 내가 보기에 할머니는 그 누구보다도 큰 일을 하고 계시는 거라 생각한다. 나이가 많으셔도 하나님 앞에서 어린 아이와 같이 순수하게 당신의 생을 다 할 때까지 두 손 모아 기도하시는 그 중보의 힘은 엄청나다. 하나님이 당신에게 주신 분량 대로 잠잠히 하나님 한 분만 바라보며 하루하루를 살아가는 그 모습에 고개를 숙일 뿐이다.

할머니는 나를 보면 늘 이렇게 말씀하신다.

"기도에는 외상이 없다. 여태껏 하나님은 내 기도에 응답해 주지 않으신 것이 하나도 없다. 다 이루어 주셨어. 그러니, 내가 살아 온 모든 세월이 그저 감사할 것 뿐이다. 너도 감사함으로 열심히 말씀 읽고 기도하거라"

98년을 살아오신 할머니는 바로 당신의 한 평생 세월을 '감사'라고 한마디로 표현하셨다.

'감사'에는 두 종류가 있다고 한다.

'그렇기 때문에 감사'와 '그럼에도 불구하고 감사'.

이 말은 곧 모든 것이 '감사'라는 것이다.

> 여호와가 우리 하나님이신 줄 너희는 알지어다 그는 우리를 지으신 이요 우리는 그의 것이니 그의 백성이요 그의 기르시는 양이로다
> 감사함으로 그의 문에 들어가며 찬송함으로 그의 궁정에 들어가서 그에게 감사하며 그의 이름을 송축할지어다.
>
> (시편 100편 3절~4절)

얼마 전에 할머니는 한 기독교방송에서 주최한 성경암송대회에서 특별상도 받으셨다. 발표하는 곳이 부산이었는데 기차를 타고 내려가셔서 어린 참가자를 앞에서 당당히 서서 고린도전서 13장 전부를 암송해서 발표하셨다. 100세에도 그 무대에 서셨으면 좋겠다. 멋진 우리 할머니, 화이팅!

아 이게 성공이구나!

내가 SBS에서 '스타킹'이라는 프로그램을 할 때, MC인 강호동과 나는 분장실을 함께 쓰며 참 많은 대화를 나누었다. 동갑내기 친구인 호동이와 나는 이 즈음에 둘 다 독서를 많이 했던 터라, 만나면 각자가 읽은 책의 내용을 서로 소개해 주며, 유익한 이야기를 나누곤 했다. 녹화가 있던 어느 날 분장실에서 만난 호동이는 흥분된 목소리로 내게 질문을 던졌다.

"혜련아! 인생에는 성공과 실패가 있지, 그지?"

너무나도 평범하고 당연한 질문이다 싶어서 나는 아무 생각 없이 대답을 했다.

"그렇지!"

그러자 기다렸다는 듯이 그가 소리쳤다.

"틀렸다! 하하"

"응? 틀렸다 구?"

어리둥절해 하며 내가 묻자 호동이가 말을 이어 나갔다.

"인생에는 성공과 과정이 있는 거다! 뭐가 실패고? 다 성공을 위한 과정이다! 안 그렇나? 하하"

멋진 말이었다. 순간 감동을 느끼며 생각했다.

'얘가 또 무슨 책을 읽은 거지?'

어떤 목표를 두고 가는 길에는 분명 시련의 과정이 있을 것이다. 그 시련을 겪는 순간을 실패라 여기지 않고, 목표를 향해 가는 과정이라 생각한다면 좌절하지 않을 것이다.

예수를 믿고 신앙을 갖게 되면서 '목표'와 '목적'의 차이점을 알게 되었다. '목표'는 무엇을 얼마큼 해야겠다고 생각하는 것이고, '목적'은 왜 그것을 해야하는 지의 본질적인 이유와 의미인 것이다. 많은 사람들은 목표와 목적을 혼동하며 살아간다. 목표만 있고 목적을 모른 채말이다.

사람들에게 '목표가 무엇이냐?'고 물으면, 대부분 '성공하는 것'이라고 대답한다.

'성공하는 것이 무엇이냐?'고 물으면, 또 대부분의 사람들은 본인이 하고 있는 분야의 최고가 되는 것, 그리고 더불어 돈과 명예, 인기, 권력 등을 함께 누리는 것이라고 대답한다. 과거의 나 역시 성공은 이런 것이라고 생각했고, 또 이러한 성공이 목표였다.

그때 내게 '무엇을 위해, 왜?' 라고 물었다면, '성공해서 죽기 전까지 잘 사는 것이 행복이니까!' 라고 대답했을 것 같다. 그것이 인생의 목적으로 착각했었으니까! 예수를 믿고 성경을 읽으면서 내 삶의 목적이 무엇인지를 바로 정립하게 되었다.

'나는 왜 태어났을까?' 라는 나의 '존재의 목적'은 '하나님은 왜 나를 만드셨을까?'라는 하나님의 '창조의 목적'과 일맥상통 한다는 것을 알게 되었다.

> 내 이름으로 불려지는 자 곧 내가 내 영광을 위하여 창조한 자를 오게 하라. 그를 내가 지었고 그를 내가 만들었느니라. 이 백성은 내가 나를 위하여 지었나니 나를 찬송하게 하려 함이니라
>
> (이사야 43장 7절, 21절)

> 그런즉 너희가 먹든지 마시든지 무엇을 하든지 다 하나님의 영광을 위하여 하라
>
> (고린도전서 10장 31절)

내가 이 땅에 태어난 목적은 잘 먹고, 잘 입고, 풍요롭게 살다가 죽는 것이 아니라는 것을 깨달았다. 내 존재의 목적은 바로 '하나님의 영광'이었다. 그것은 바로 하나님이 나를 만드신 창조의 목적이기도 하다. 피조물은 창조자의 목적을 제대로 이룰 때 그 존재의 가치가 있다.

예를 들어, 휴대폰은 통화가 잘 되고 그 밖에 주어진 기능들이 잘 될 때 그 가치가 있다. 그런데, 도저히 수리가 불가능 할 정도로 고장이 나서 쓸 수 없는 휴대폰은 쓰레기통으로 들어가고 만다. 휴대폰 회사가 그 휴대폰에 부여한 목적과 가치를 상실했기 때문이다.

목사님께서 '성공'에 대해 하신 설교 말씀을 듣고, '아 이게 성공이구나!'하고 깨달은 적이 있다.

"진정한 성공은 다음의 세 가지를 아는 것입니다. 첫째는 내가 어디에서 왔는가를 아는 것이고, 둘째는 내가 사는 동안 무엇을 해야 하는지를 아는 것이고, 셋째는 내가 어디로 돌아가야 하는지를 아는 것입니다."

나는 포도나무요 너희는 가지라 그가 내 안에 내가 그 안에 거하면

사람이 열매를 많이 맺나니 나를 떠나서는 너희가 아무것도

할 수 없음이라

(요한복음 15장 5절)

예수님은 포도나무 이시고, 우리는 가지이다. 만일 가지가 나무에서 떨어지면 살 수 없게 되고, 열매도 맺을 수 없게 된다. 그러나, 나무에 잘 붙어있는 가지는 열매를 잘 맺을 수 있게 된다. 이것이 가지의 성공이다.

나뭇가지가 나무줄기에 잘 붙어있는 것이 성공이듯, 우리도 예수님께 잘 붙어있는 것이 성공인 것이다.

나는 이제 진정한 성공이 무엇인지 잘 알게 되었다.

나는 하나님께로부터 왔고, 결국엔 하나님께로 돌아간다는 것을 안다.

그리고, 내가 사는 동안 예수님께 잘 붙어서 좋은 열매를 맺어야 한다는 것을 안다.

그래서, 나는 이 땅에 사는 동안 진정한 성공을 위해 노력하며 살 것이다.

멸망하지 않고 영생을

성경을 보면 하나님이 쓰신 반전의 드라마가 너무도 많다.

아브라함은 100세의 나이에 아이를 낳을 수 없음에도 불구하고 믿음으로 하나님께 순종하여 이삭을 낳았다. 사라가 90세의 일이다. 그렇게 어렵게 가진 아들을 번제물로 바치라고 했을 때에도 그는 어떤 불만도 입으로 내뱉지 않고 그대로 순종하여 결국 아들을 살려내고 그 이삭과 야곱을 통해 하나님의 약속의 자손인 이스라엘을 만들어내었다.

요셉은 야곱의 아들로 사랑을 독차지 했지만 형들의 시기와 질투로 인해 애굽에 종으로 팔려가게 된다. 억울한 누명으로 옥에 갇

히기도 했지만 하나님은 늘 그와 함께 하셨고 그를 애굽의 총독으로 만드셨다. 결국은 아버지인 야곱과 형제들을 모두 애굽으로 데려오고 그곳에서 이스라엘 민족을 만들어내는 장본인이 되었다.

모세는 히브리인의 아이라서 죽임을 당할 수 밖에 없었는데 그를 애굽의 공주가 키워 왕자처럼 살았고, 40년이라는 광야생활을 한 후 노예생활을 하는 히브리민족 200만명을 이끌고 가나안 땅을 향해 가는 멋진 리더로 세우셨다.

많은 시련을 겪었던 다윗은 오직 하나님께 마음을 합하여 어떠한 역경이 닥치더라도 오직 하나님을 자기 중심에 두었다. 그리고, 하나님의 성전을 지으려는 그 진심 어린 마음에 감동하신 하나님은 다윗에게서 나는 자손이 영원히 끊어지지 않고 이스라엘 민족을 이끌어나간다는 약속을 주신다.

욥의 반전도 기가 막히다. 하나님 보시기에 정직히 행하는 욥에게 많은 시련이 왔으나 끝까지 하나님을 욕하지 않고 그 마음을 지켜나가자, 결국에는 잃어버린 몇 배를 다시 돌려 받고 복을 누리며 하나님의 진정한 사랑을 느끼는 역사가 일어난다.

사도 바울은 예수를 믿는 자들을 잡아넣는 철저한 바리새파였다. 구약을 공부했다고는 하나 그것을 예수님께 귀결 시키지 못하는 무지한 자였으나 다메섹에서 만난 예수님으로 인해 그의 인생은 바뀐다. 그 후 14년뒤 그는 이방에 예수를 알리기 위해 목숨을 바친다. 엄청난 역경과 시련 속에서 그는 더욱 강하고 담대하여져서 멋진 순교를 하게 된다.

성경 속에서 가장 큰 반전은 바로 예수님이다. 예수님은 육신의 몸을 입고 이 땅에 오셔서 우리의 죄를 감당하기 위하여 십자가에서 피 흘려 죽으셨다. 주님의 십자가는 죽음으로 끝나지 않았다. 예수님의 부활 사건을 보여주심으로 온 인류에 희망과 기쁨을 주시는 대반전의 역사를 이루셨다.

우리가 잘 아는 동화 '왕자와 거지', '신데렐라'를 보면, 주인공이 하루 아침에 신분이 변하는 반전의 이야기가 나온다. 성경을 읽다 보니, 나도 이런 반전 스토리의 주인공이라는 것을 알게 되었다.

> 사람이 친구를 위하여 자기 목숨을 버리면 이보다 더 큰 사랑이 없나니 너희는 내가 명하는 대로 행하면 곧 나의 친구라 이제부터는 너희를 종이라 하지 아니하리니 종은 주인이 하는 것을 알지 못함이라 너희를 친구라 하였노니 내가 내 아버지께 들은 것을 다 너희에게 알게 하였음이라
>
> (요한복음 15장 13절~15절)

내가 바로 예수님의 친구가 된 것이다. 미천한 내가 주님의 친구가 되다니… 반전 중의 반전이다! 그래서, 우리 주님은 '반전의 하나님' 이시다. 주님이 나의 친구가 되어 주신 사실은 우리가 부

르는 찬송가 가사에도 담겨져 있다.

내 진정 사모하는 친구가 되시는 구주 예수님은
아름다워라
산 밑에 백합 화요 빛나는 새벽별 주님 형언할 길
아주 없도다
내 마음이 아플 적에 큰 위로 되시며 나 외로울 때
좋은 친구라
주는 저 산밑에 백합 빛나는 새벽별이 땅위에 비길 것이
없도다

(찬송가 88장 '내 진정 사모하는' 중에서)

주 예수 내가 알기 전 날 먼저 사랑했네
그 크신 사랑 나타나 네 영혼 거듭났네
주 내 맘에 늘 계시고 나 주의 안에 있어
저 포도 비유 같으니 참 좋은 나의 친구

(찬송가 90장 '주 예수 내가 알기 전' 중에서)

저 장미꽃 위에 이슬 아직 맺혀 있는 그 때에
귀에 은은히 소리 들리니 주 음성 분명하다
주가 나와 동행을 하면서 나를 친구 삼으셨네

우리 서로 받은 그 기쁨은 알 사람이 없도다

(찬송가 442장 '저 장미꽃 위에 이슬' 중에서)

하나님은 먼 곳에 계신 분이 아니다.

하나님은 내 잘못을 감시하고, 늘 나를 꾸중만 하시는 분이 아니다. 하나님은 너무 높은 데 계셔서 내 말을 들을 수 없는 분이 아니다. 하나님은 내가 울 때 함께 울어주고, 내가 웃을 때 함께 울어주며 늘 내편이 되어 주시는, 나의 가장 좋은 친구이시다.

사람이 자기의 친구와 이야기함 같이 여호와께서는 모세와 대면하여 말씀하시며 모세는 진으로 돌아오나 눈의 아들 젊은 수종자 여호수아는 회막을 떠나지 아니하니라

(출애굽기 33장 11절)

여호와는 내편이시리라 내가 두려워하지 아니하리니 사람이 내게 어찌할까?

(시편 118편 6절)

4년전에 남편이 내게 영접기도를 하자고 했을 때, 내가 대답을 못하자 꺼내 든 말씀 구절이 바로 요한복음 3장 16절 이다.

하나님이 세상을 이처럼 사랑하사 독생자를 주셨으니, 이는 그를 믿는 자마다 멸망하지 않고 영생을 얻게 하려 하심이라

(요한복음 3장 16절)

이 말씀을 믿겠다고 큰 소리로

"네!~~~" 라고 소리쳤을 때 예수님은 내게 찾아와 주셨다.

그 후로 나는 가끔씩 이 말씀 구절의 두 군데를 살짝 바꿔서 암송한다.

"하나님이 혜련이를 이처럼 사랑하사 독생자를 주셨으니, 이는 그를 믿는 혜련이가 멸망하지 않고 영생을 얻게 하려 하심이라."

이렇게 여러 번 반복해서 암송하다가 어느 순간 요한복음 3장 16절에도 하나님의 반전이 숨어 있다는 것을 깨달았다.

하나님이 나를 너무도 사랑하시는데, 그의 증거로 독생자 예수를 주셨다는 것이다. 누군가를 사랑한다고 해서 그것을 증명하기 위해 자신의 자식을 죽임으로 내어주는 사람이 어디에 있겠는가? 나를 만드신 하나님이시기에 가능한 반전이다.

나는 본래 영원히 멸망할 수 밖에 없는 존재였다. 그런데, 나를 만드신 분이 나를 향한 사랑의 증거로 보내주신 예수를 믿기만 하면 영원히 살 수 있는 기회를 주신 것이다. '멸망의 길'에서 '영생

의 길'로 방향이 바뀐 것이다. 이 보다 더 크고 놀라운 반전이 있겠는가?

어릴 적 우리 집은 가난했고, 그 와중에 나는 남자로 태어나지 못해 인정받지 못했다. 그래서, 돈을 많이 벌어서 부유하게 되고, 남들이 나를 많이 인정해 주면 그것이 내 삶의 반전이라고 생각했다. 그러나, 이제는 이런 나의 생각이 단순하고 어리석은 것이란 걸 깨달았다.

'진정한 반전'이 무엇인 줄 깨닫게 되는 놀라운 반전을 경험한 것이다.

44년 동안 이 놀라운 반전을 모른 채 헤매다가 이제야 알게 되었으니, 얼마나 기쁘겠는가? 그리고 예전의 나처럼 이 진리를 아직 모르는 사람들, 알려고 하지 않는 사람들을 보면 얼마나 답답하겠는가?

'나를 위해 다 이루신 사랑. 그 사랑을 믿기만 하면 되는데…'

나는 기도한다. 내 목숨 다 하는 날까지 하나님의 말씀과 함께 하기를… 아직 주님을 모르는 자들이 멸망하지 않고 영생을 얻게 되기를…

예수님을 영접하기 전, 나는 어학관련 서적과 자기개발서 등 몇 가지의 책을 낸 경험이 있다. 그 때는 내가 책 제목에 '하나님'의 이름을 붙이게 될 줄은 상상하지 못했다.

내가 무시했던 이름, 내가 믿지 않았던 이름.

그러나, 이제는 내가 너무도 사랑하는 이름.

이 세상에서 가장 크고 위대한 이름. - '하나님'

바로 그 하나님이 이렇게 부족하고 연약한 나에게 간증집을 쓰게 하시고, 당신의 귀한 이름을 제목에 넣게 하신 것에 감사한다.

'아… 나도 이제 인생의 후반전에 돌입했구나!' 라는 생각이 문득 드는 어느 날, 하나님께 기도하며 이렇게 여쭈었다.

'하나님, 저 앞으로 어떻게 살까요?'

이 때 내게 성경 한 구절을 떠 올리게 하셨다.

> 너희가 내게 부르짖으며 내게 와서 기도하면 내가 너희들의 기도를 들을 것이요 너희가 온 마음으로 나를 구하면 나를 찾을 것이요 나를 만나리라
>
> (예레미야 29장 12절~13절)

70년 동안 바벨론 포로 생활을 하고 있는 이스라엘 민족에게 하나님이 예레미야 선지자를 통해서 환경을 탓하지 말고 하나님

의 때를 기다리라고 알리는 성경 내용이다.
자신의 나라를 떠나 포로로 살 때는 열심히 살고 싶은 마음도, 의욕도 없을 텐데, 하나님은 그런 사람들에게 환경을 따지지 말고 순종하며 열심히 자신의 하루 하루를 살라고 당부하신다.
스피노자는 지금 지구가 망한다 하더라도 나는 한 그루의 사과나무를 심겠다고 했다. 여기에는 진짜로 맞지 않는 논리가 있다. 아니 지구가 망하는 데 사과나무를 심어 무엇 한단 말인가? 사과나무를 심어서 열매를 맺으려면 적어도 3년 이상은 기다려야 하니 말이다. 그런데 이것을 더 깊게 생각해보면 미래는 내 소유가 아니라는 뜻이 담겨있다.
내일은 하나님이 주시는 열매다. 어쩌면 눈을 감고 잠든 후 다시 눈을 떴을 때 나에게 하루가 더 주어지지 않을 수도 있다. 그건 하나님의 권한이니 말이다.
하나님을 아버지로 삼은 나는 이제 어떤 것도 두려워하지 않고 하루 하루가 주어짐을 감사하며 살아가려 한다.
성경 속에 담긴 하나님의 마음을 알아갈 수 있고, 또 이것을 전할 수 있음을 감사하며 살아가려 한다.
나에 대한 하나님의 계획을 믿으며 극상품 무화과로 거듭나고자 한다.
반전의 하나님께서 나를 통해 행하실 일들을 기대하면서……

반전의 하나님

초판 1쇄 발행 2018년 4월 11일

지은이 | 조혜련
발행처 | ㈜오제이엔터스컴
서울시 강남구 테헤란로 625, 1633
전화 | 02)538-7289
팩스 | 02)558-7289
편집 | 상상
등록일 | 2017년 5월 15일
등록번호 | 제2017-000161호

책 값은 뒤표지에 있습니다.
ISBN 979-11-963350-0-7 03230

이 출판물은 저작권법에 의해 보호를 받는 저작물이므로 무단전재와 복제를 할 수 없습니다.